座して死を待つのか――。

それとも、立って行動を起こすのか――。

努力は必ず報われます。たとえ、すぐに結果が出なかったとしても、その努力は必ず血となり肉となって、あなたの商品価値を高めてくれるはずです。

本書が、そう信じて行動する人たちのお役に立てれば幸いです。

2003年3月

堀内伸浩

社会人が大学・大学院で学ぶ法○目次

2章　社会人の大学・大学院選び

3章　社会人の受験勉強法

4章　卒業・修了後の活かし方

5章　注目の資格がとれる学科・研究科

カバーデザイン／㈲蛭間デザイン事務所
制作協力／㈲一企画

序章

社会人が大学・大学院で学ぶメリットとは？

近年、学びの場として大学・大学院を選ぶ社会人が増えています。

その背景には、大学・大学院側が〝社会人入試〟という、一般入試よりもハードルの低い入試制度を設けて、社会人を積極的に受け入れはじめたという事情があります。

しかし、理由はそれだけではありません。

社会人が大学・大学院にいくのは、大学・大学院で学ぶことに対して、何らかのメリットを感じているからだといえるでしょう。

●5つのメリット

では、そのメリットとは、一体何なのでしょうか――。

それは、だいたい次の5つです。

社会人大学・大学院で学ぶメリット

①学位が取得できる。

②人脈ができる。
③視野が広がる。
④体系的に学べる。
⑤学びの姿勢が身につく。

では、ひとつずつ見ていきましょう。

＊

①学位が取得できる。

実際問題としては、これが一番大きなメリットといえます。

なぜなら、日本の社会はまだまだ学歴偏重社会であり、学歴による差別というのが、依然として存在しているからです。

とくに、高卒と大卒の差は大きく、大卒でなければなることのできない職業や、大卒しか採用しない会社は現実に存在していますので、高卒の人が大卒の肩書きを手に入れることは、非常に大きなメリットだといえます。

また、大卒の人が修士号を取れば、それだけ自分の商品価値はあがり、社内での発言力が増したり、転職するときの強力な武器となったりしますので、やはり大きなメリットといえるでしょう。

＊

②人脈ができる。

実際に大学・大学院を出た社会人が、口をそろえて強調するメリットのひとつです。

社会人が異業種の人と知り合うチャンスといえば、異業種交流会がすぐに思い浮かびますが、このような交流会というのは、たいてい利害が絡むもの……。

つまり、交流会で知り合った人とは、腹を割って話すことがなかなか難しく、「この人と付き合うことは自分にとって得か損か」という損得勘定で、お互い判断しがちになるケースが多いというわけです。

ところが、大学・大学院で一緒に学んだ学友というのは、たとえ社会人同士であろうとも、まったく利害関係なしで付き合えるといい、学校を卒業・修了してからも、交流が続いているケースが多いようです。

中には、そこで築いた人脈が、結果としてビジネスに結びつくケースもあるようですので、メリットは大きいといえます。

さらに、この人脈は学生同士のネットワークだけにとどまらず、教授とのパイプもできますので、その後の人生に大きなプラスになることは間違いないといえるでしょう。

③視野が広がる。

「新たな知識や理論を学ぶことによって視野が広がる」ケースと、「先生や学友との交流を通じて視野が広がる」ケースの両方が考えられます。

大学・大学院に勉強しにいっている以上、前者のケースは当然のこととして、後者の例としては、たとえば、「これまで自分の業界では当たり前のようにやってきたことが、別の業界ではまったく通用しない」ということを知るといったことがあげられるでしょう。

いずれにしても、ビジネスマンにとって視野を広げておくことは、モノの見方や考え方の幅が広がるという意味において、非常に重要なことですので、そのメリットは大きいといえます。

＊

④体系的に学べる。

これまで実務経験を通じて体で覚えてきたことが、ひとつの体系的に整理された理論・学問として、学び直すことができるということです。

実務経験を通じて身についたことというのは、経験則として「こうすればいい」ということはわかっているけれども、「なぜそうなのか」ということは、なかなかわからないものです。したがって、人に説明したりしようとすると、どこか説得力に欠けた話になってしまいます。

たとえば、もしあなたが営業担当だとしたら、過去の成功体験から「こうすればうまくいく」という、自分なりの勝ちパターンというものを、いくつかお持ちのことでしょう。

しかし、人から「なぜ、そんなにうまくいくのか？」と聞かれたとき、あなたは説得力のある説明ができるでしょうか？

理論や学問を勉強すれば、それができるようになるというわけです。

もちろん、メリットはそれだけでありません。あなたが経験を通じて身につけた勝ちパターン以外にも、こうすればうまくいくという勝ちパターンが、世の中にはいくつも存在しています。

したがって、そのようなパターンを学んでおけば、いざ自分のやり方が通用しなかった場合に、「それじゃあ、このやり方でやってみようか」ということもできますし、最初から「こういうタイプの人には、このやり方がうまくいくはずだから、それで攻めてみよう」ということもできるようになるわけです。

＊

⑤学びの姿勢が身につく。

これも、これからのビジネスマンにとっては非常に大きなメリットといえます。

なぜなら、このような変化の激しい時代に取り残されないためには、ビジネスマンも日頃から勉強しておく必要があり、そのためには学びの姿勢を身につけておく必要があるからです。

とくに、学校を卒業してから年数が経っている人や、これまで大した勉強をしなくても何とかやってこれたという人にとっては、あらためて〝学びの姿勢〟を身につけることの意味は大きいといえるでしょう。

●夢や目標の実現のために！

以上が、社会人が大学・大学院で学ぶおもなメリットですが、これら5つのメリットを総合的に捉えた場合、あるひとつのキーワードが浮かびあがってきます。

そのキーワードとは、「キャリア開発」――。

つまり、今あげた5つのメリットは、すべて自らのキャリアを開発するのに役立つものばかりだということです。

キャリアを開発すれば、夢や目標の実現も不可能ではなくなります。

したがって、「やりたい仕事がある人」や「行きたい会社がある人」などは、ぜひとも大学・大学院で勉強して、キャリアを開発してください。

そうすれば、あなたの夢はグッと近づいてくるはずです。

1章

社会人入試の基礎知識

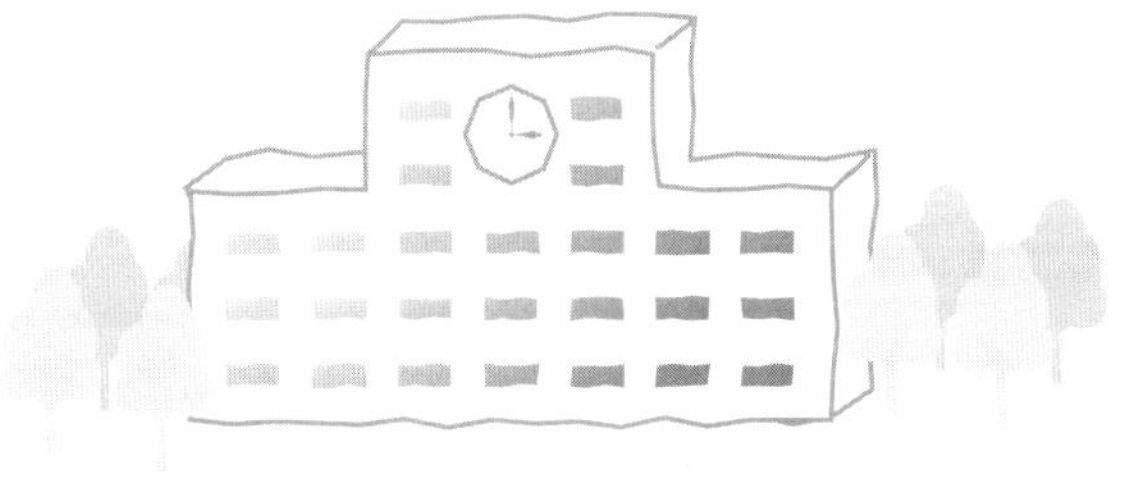

Q1 そもそも「社会人入試」って、何なの？

社会人入試とは、大学・大学院が社会人だけを対象に実施している入試制度のことで、現役高校生や浪人生が受ける一般入試に比べて〝優遇〟された内容になっているのが大きな特徴です。

●社会人のためのウレシイ入試制度

では、具体的に何が優遇されているのかというと、それはズバリ「試験科目が小論文と面接だけで、学科試験は免除されている」ということです（中には、英語を課す大学もあります）。

つまり、この制度を利用すれば、センター試験や大学独自の学科試験を受ける必要がなくなるため、受験勉強にあまり時間を割くことができない社会人でも、希望の大学に入学できるチャンスが出てくるというわけです。

このような社会人入試がはじめて実施されたのは、今から20年以上前の１９７９年。立教大学法学部が、職業の有無にかかわらず、満22歳以上の社会人を対象に行なったのが最初でした。以来、社会人の学習意欲の高まりに呼応する形で、社会人に門戸を開放する大学の数は年々

◎社会人学生になる方法

大学生

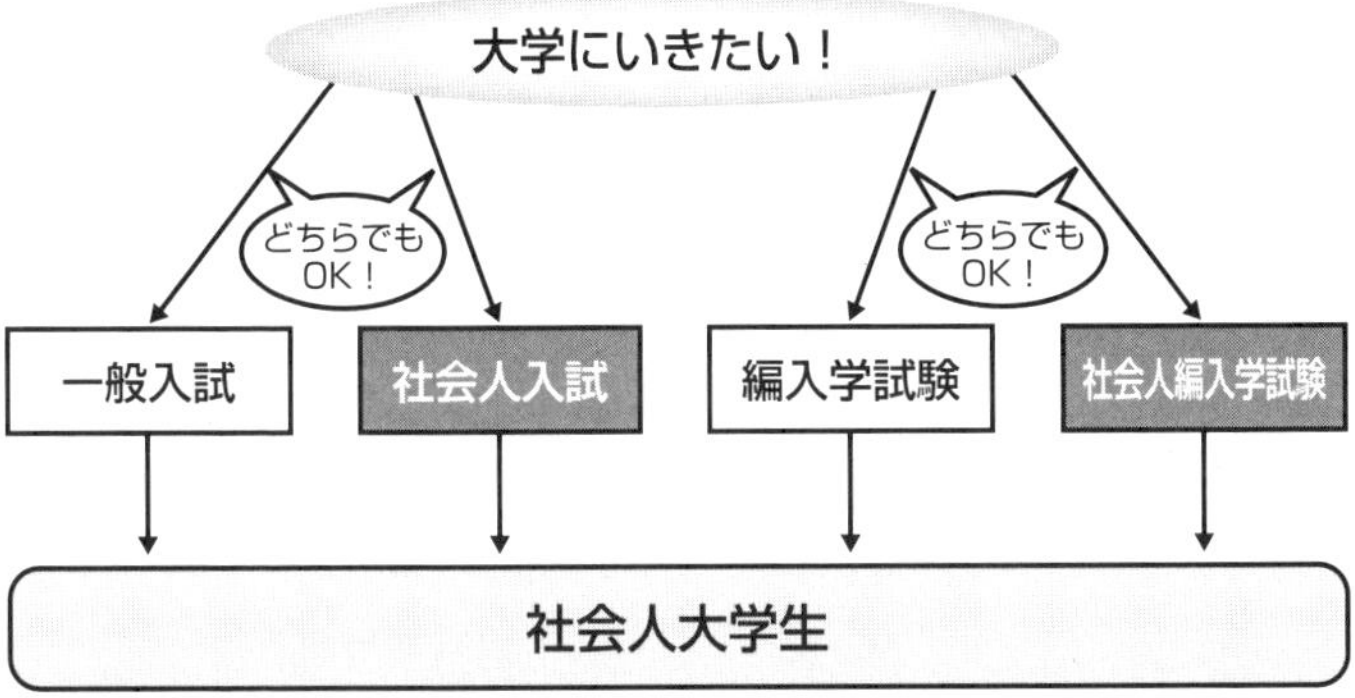

※編入学とは、大学2年次修了見込み者・短期大卒業見込み者・大卒者・短大卒者が、他大学に2年次あるいは3年次から入学できる制度

大学院生

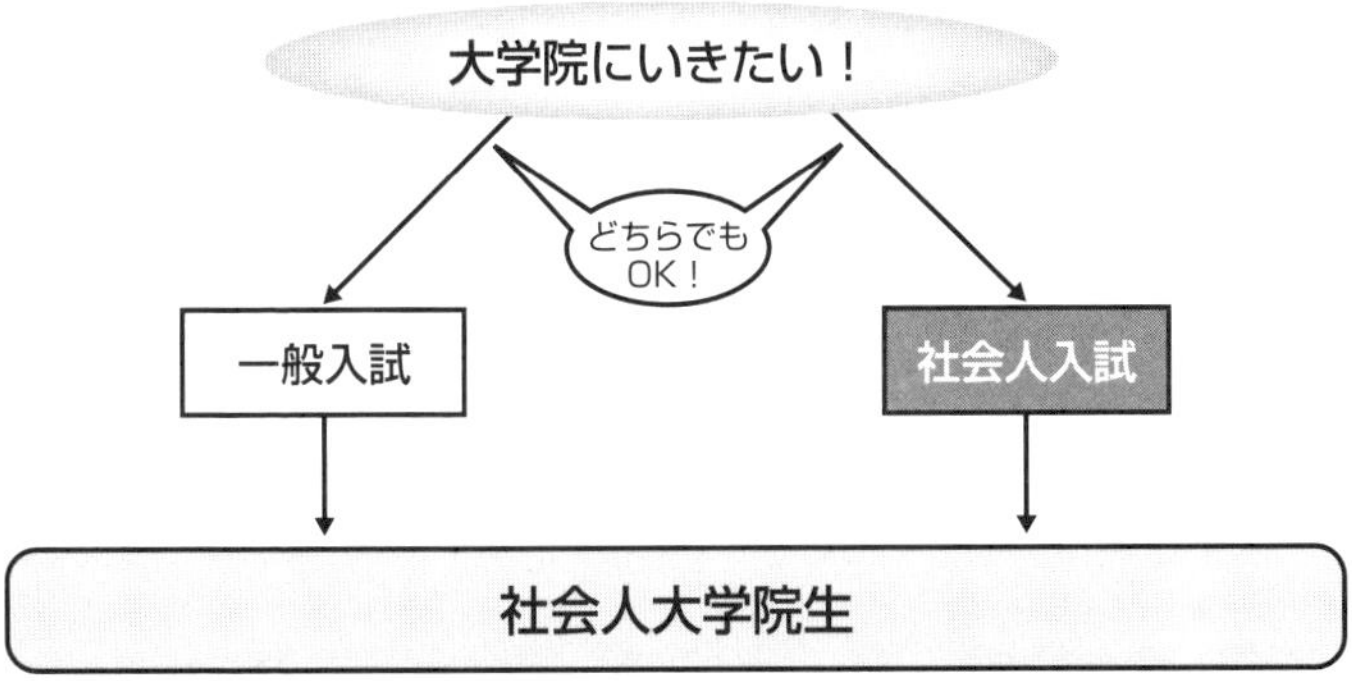

社会人が一般入試を受けても構わないが、
学科試験などの面では社会人入試のほうがラク！

増え続け、今では多くの大学が、「社会人特別選抜」「勤労者選抜」「社会人自己推薦」などといった名称で、社会人入試を実施しています。

●編入学や大学院にも、社会人入試制度あり

このような社会人に優しい入試制度は、大学の編入学試験でも実施されています。

編入学とは、たとえば、大学2年次修了見込み者や短大卒業見込み者、あるいは大卒者、短大卒者などが、別の4年生大学に再入学したいというときに、その大学の編入学試験に合格すれば、1年次からではなく2年次、あるいは3年次から入学できるという制度です。

この編入学試験においても、社会人に現役学生と同じ試験を課すのは酷なことから、社会人に対しては学科試験を免除・軽減するなどの措置をとる大学が増えているのです。

さらに、このような社会人を優遇した入試制度は大学院にまで広がっており、その数も年々増加の一途をたどっています。

つまり、社会人にとって、大学・大学院は決して遠い存在ではなくなったのです。

したがって、大学・大学院でより高度な専門知識を身につけてキャリアアップしたいという人は、「社会人入試」というオイシイ制度を利用しない手はないといえるでしょう。

Q2 社会人を受け入れている学校の数は？

では、社会人入試を実施している大学・大学院の数は、いったいどれくらいあるのでしょうか？

●大学・大学院とも5年間で1・5倍以上に！

文部科学省の調査によると、社会人入試を実施している大学の数は、平成7年度には237校だったのが、平成12年度には360校となり、5年間で約1・5倍に増加しました。

全体に占める割合も、平成7年度は約42％だったのが、平成12年度には半数を超える約55％の大学が実施するにいたっています。

学部数で見ると、平成12年度は国公私立合わせて735学部が実施。大学数が360校なので、単純平均すると、1つの大学につき、だいたい2つの学部で、社会人入試が実施された計算になります。

一方、社会人入試を実施している大学院の数はどうかというと、平成7年度には178校だったのが、平成12年度には305校と、こちらは約1・7倍に増加。

その内訳は、国立が84、公立が26、私立が195となっています。

編入学については、社会人編入学を実施している大学の数は、通常の入試に比べるとまだまだ少ないのが実情です。

しかし、それでも平成14年度には、国立26、公立8、私立100の合計134大学が社会人編入学試験を実施しており、社会人に対する門戸は着実に広がりつつあるといえます。

◎社会人入試を実施している大学・大学院数の推移

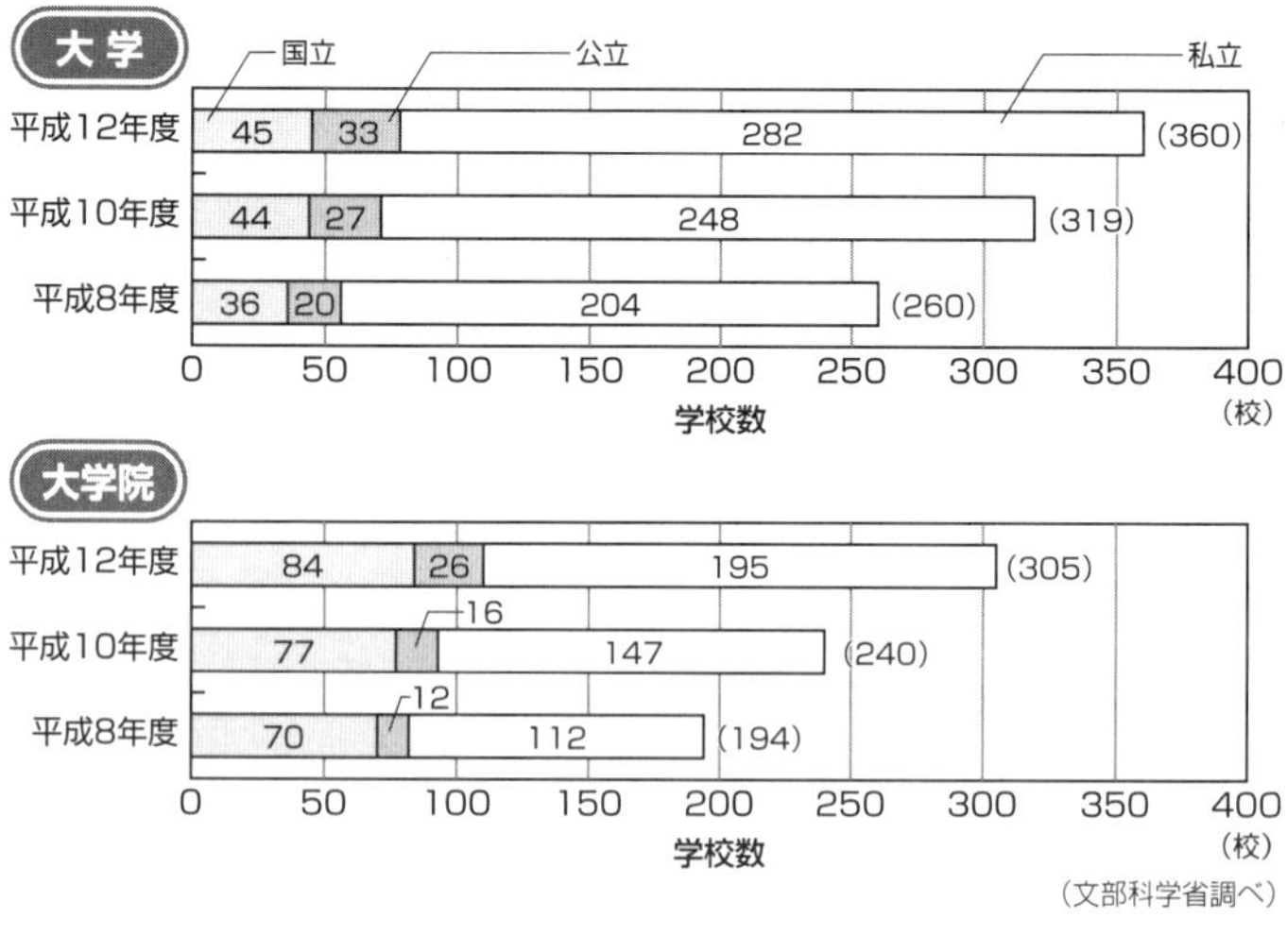

（文部科学省調べ）

Q3 受け入れ人数はどのくらい？

社会人入試を実施する大学・大学院の増加とともに、社会人大学生・大学院生になる人の数も、以前に比べるとかなり多くなっています。

●5年間で大学生1・12倍、大学院生1・92倍！

文部科学省の調査によると、平成12年度中にこの制度を利用して社会人大学生となった人は4703人で、社会人大学院生となった人は9406人でした。

この数を5年前の平成7年度と比較してみると、大学生では1・12倍、大学院生にいたってはじつに1・92倍となっており、全体として見た場合は、大学・大学院の社会人に対する門戸は、確実に広がりつつあるといえます。

ただ、大学学部ごと・大学院研究科ごとに見た場合は、必ずしもそうとはいえないのが実情です。

なぜなら、一般入試のように、何百名という単位で募集しているところは皆無で、ほとんどの大学学部・大学院研究科が募集人数を若干名とし、実際の合格者数も1～2名というところが多いからです。

　しかし、悲観することはありません。

　人気のある大学・大学院は別として、多くの大学・大学院では、志願者数が合格者数を大幅に上回ることはないので、倍率はそれほど高くないからです。

　また、一定のレベルに達した人がたくさんいれば、枠にとらわれずに合格とし、逆にいなければ合格者ゼロというところも結構あります。

　したがって、まずは合格レベルの実力を身につけることが大切だといえるでしょう。

◎社会人入試による入学者数の推移

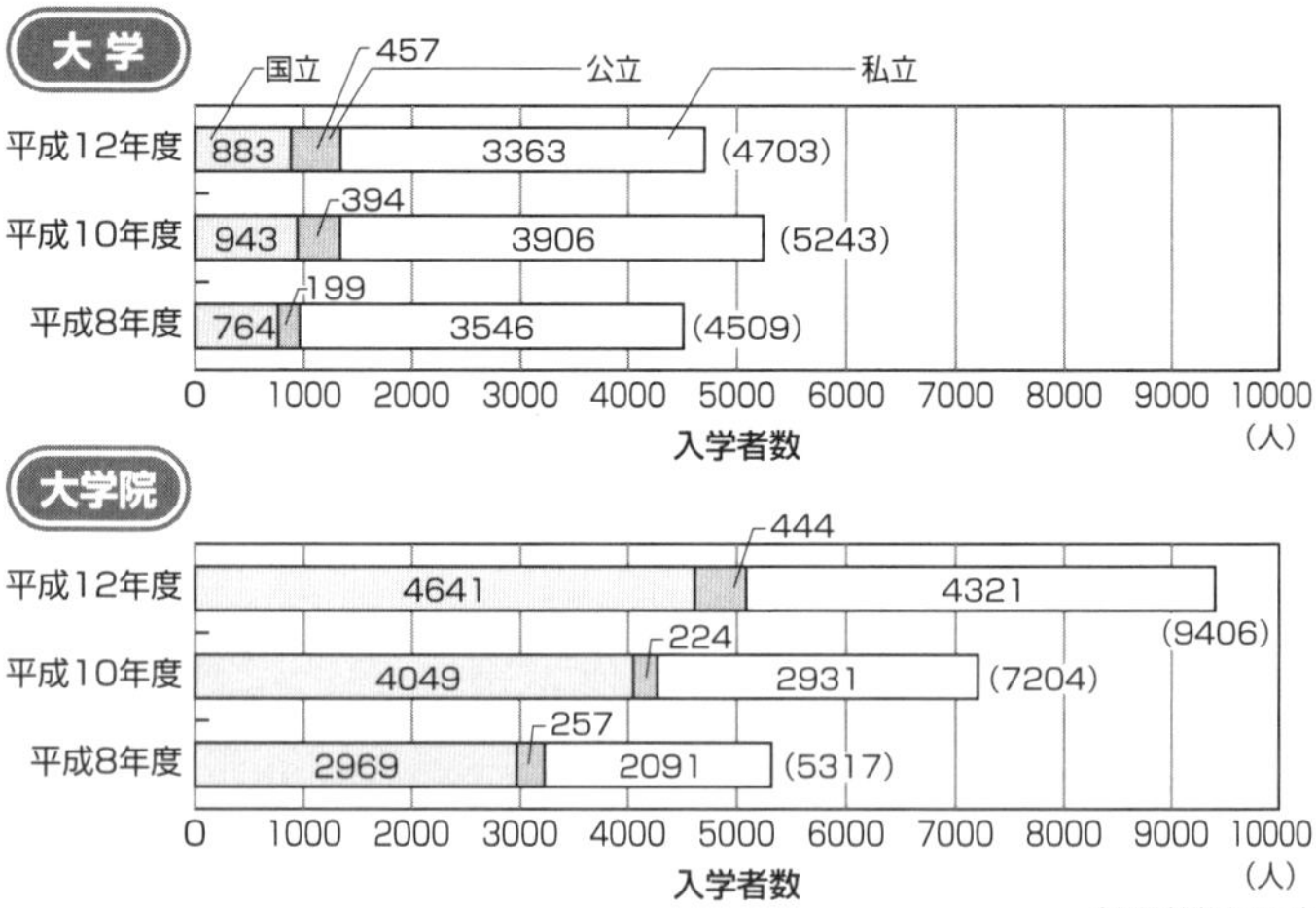

（文部科学省調べ）

Q4 社会人なら誰でも受けられるの？

「社会人入試」という名称からすると、社会人でありさえすれば、誰でもこの制度を利用できそうなものですが、じつはそうではありません。

この制度を利用するには、クリアしなければならない条件がいくつかあるのです。

では、具体的にどんな条件があるのか？ 「大学の場合」「編入学の場合」「大学院の場合」で、若干出願資格が異なりますので、順に紹介していくことにしましょう。

●大学の出願資格

まず、大学の場合ですが、クリアしなければならない条件は3つあります。

大学の出願資格

①高校卒業した者、または同等以上の学力があると認められる者。
②入学年の4月1日現在で満○歳以上の者。
③社会人としての経験が○年以上あること。

以上の「学歴」「年齢」「職歴・社会人経験」の条件をクリアしていれば、ほとんどの大学の出願資格があるといえます。しかし、中には、これら3つの条件に加えて、「定職に就いていること」を条件としている大学や、「勤務先の所属長や出身高校の校長の推薦書の提出」を義務づけている大学があったりしますので、事前に入試課に問い合わせるなどして、確認しておいたほうがいいでしょう。

それでは、順に詳しく見ていきましょう。

＊

①の「高校卒業、または同等以上の学力があると認められる者」は、すべての大学に共通する条件で、いわば社会人入試を受けるための前提条件ともいえます。

「(高校卒業と)同等以上の学力があると認められる者」とは、たとえば旧制の諸学校の卒業者や、外国の学校で12年の教育課程を修了した者のほか、文部科学省が実施する大学入学検定試験(通称「大検」)の合格者なども含まれます。

したがって、中卒者や高校中退者でも、大検に合格すれば、この条件をクリアすることができるわけです。

＊

②の下限年齢は、大学によってまちまちで、低いところで20歳以上、高いところでは30歳以上という大学もありますが、一般的には22～25歳の間に設定している大学が多いようです。

＊

③の年数は、だいたい2～3年以上とする大学が多いのですが、問題はこの「社会人経験」に主婦やアルバイトが含まれるのかということです。

この点については、ほとんどの大学が主婦やアルバイトも職歴として認めていますが、中には認めない大学もありますので注意が必要です。

●編入学するときの条件

次に、編入学の出願資格ですが、こちらも先ほどの大学入試の場合と同様に、社会人編入学を実施しているほとんどの大学が次のような3つの条件を設けています。

編入学の出願資格

①大学、短大、高等専門学校（高専）、専修学校の専門課程（専門学校）を卒業・修了した者、または大学に2年以上在学した者など。

②入学年の4月1日現在で満○歳以上の者。

③社会人としての経験が○年以上あること。

ちなみに、①について、以前は専門学校の卒業者には、出願資格が与えられていませんでしたが、平成10年の法改正により、専門学校の卒業者にも大学編入の道が開かれるようになりました。

ただし、中には大学卒業者のみにしか、出願資格を与えていない大学もありますので注意が必要です。

なお、②の年齢制限については「23歳以上」、③の社会人経験については「3年以上」という大学が多いようですが、こちらも大学によってかなり違いますので、必ず事前に確認するようにしましょう。

●修士課程と博士課程の違いとは？

大学院の場合も、基本的には前提条件となる「学歴」に加えて、社会人入試特有の「年齢」および「職歴」という3つの条件によって、出願資格を定めているところがほとんどです。

ただ、修士課程（博士前期課程）と博士後期課程では、出願資格が異なりますので、それぞれを紹介する前に、修士課程と博士課程の違いについて、少し説明しておきましょう。

一般に世間では、大学院の最初の2年間が修士課程で、後半の3年間が博士課程だと思われているようですが、厳密にいうと、これは正しくありません。

そもそも大学院の課程には、標準修業年限が2年のコースと5年のコースがあり、前者を修士課程、後者を博士課程といいます。

そして、博士課程は通常、前期（2年）と後期（3年）に分かれていて、前者を博士前期課程、後者を博士後期課程と呼んでいます。

つまり、同じ最初の2年でも、そもそも2年間で完結するのが修士課程で、あとに続く3年の後期課程がある場合は、厳密にいうと博士前期課程なのです。

ただ、博士後期課程があっても、前半の課程を修士課程としている大学院もあることから、冒頭のような誤解が生じたのかもしれません。

●修士課程（博士前期課程）の出願資格

では、大学院の出願資格に移りましょう。まず、修士課程（博士前期課程）です。

修士課程（博士前期課程）の出願資格

①4年生大学を卒業している者、または同等以上の学力があると認められる者。

②大学卒業後○年以上経過している者。
③社会人としての経験が○年以上あること。

①の「学歴」に関しては、大学院入試の改革によって、大学院側が「4年生大学卒業と同等以上の学力があると認めた者」については、短大や高専、専門学校の卒業生であっても、受験資格が与えられるようになりました。

ただ、何をもって大卒と同等以上と認めるかは、各大学院によって違いますので、個々に問い合わせる必要があります。

また、③の「職歴」に関しても、各大学院によってまちまちで、主婦でもＯＫのところもあれば、福祉関係職など特定の職業に就いていることを条件としているところもあります。

あるいは、現在無職でも過去に定職に就いていた経験があればいいというところもあれば、出願時において在職中であることを条件とするところもありますので、事前によく確認しましょう。

なお、社会人入試特有の条件である②については、「2～3年以上」としているところが多いようです。

●博士後期課程の出願資格

最後に、博士後期課程です。

博士後期課程の出願資格

①修士の学位を有する者、または同等以上の学力があると認められる者。
②修士課程修了後○年以上経過している者。
③社会人としての経験が○年以上あること。

①については、修士課程と同様、大学院側が「修士の学位を有する者と同等以上の学力があると認めた者」については、修士課程や博士前期課程を修了してなくても、受験資格が与えられるようになっています。

②に関しては、修士課程と同じく「2~3年以上」が多いようです。③についても、さまざまですので、要確認です。

Q5 応募するには、どんな書類が必要なの？

社会人入試を受ける場合、意外に面倒で、しかも準備に時間がかかるのが、大学に提出する出願書類です。

●大学の場合は「志望理由書」が重要！

出願書類は学校によって多少異なりますが、大学の場合は、だいたい次のような書類が必要になります。

大学への出願書類

①入学願書
②出身高校の卒業証明書
③出身高校の調査書・成績証明書
④健康診断書
⑤志望理由書

⑥推薦書
⑦在職証明書

この中でもっとも重要なのが、「志望理由書」です。

志望理由書とは、本人が大学所定の用紙に次のようなことなどを８００～１２００字程度でまとめるものです。

志望理由書に書く２つのポイント

①志望理由……「なぜ、その大学・学部に入りたいのか?」など。
②学習意欲……「入学したら、どんな勉強がしたいのか?」など。

なぜ、これが重要なのかというと、社会人入試の場合、大学側が重視しているのは、知識量よりも入学目的や学習意欲であるため、それらをこの志望理由書で強くアピールしておく必要があるからです。

さらに、その後に行なわれる面接試験の際、この志望理由書の内容について、質問されるケースが多いことからも、手を抜かずにしっかり書いておく必要があります（書き方については、

107ページ参照)。
なお、「推薦書」については、不要な大学もあれば、職場の所属長のもの1通だけでいい大学や、それに加えて母校の先生や家族・友人のものなど、計2通必要な大学があります。

●大学院の場合は「研究計画書」がカギ!

一方、大学院の場合は、だいたい次のような書類が必要になります。

大学院への出願書類

①入学願書
②出身大学の卒業証明書
③出身大学の成績証明書
④健康診断書
⑤志望理由書
⑥研究計画書
⑦推薦書

⑧職場の受験承諾書

大学院の出願書類で大学と大きく異なる点は、志望理由書のほかに「研究計画書」があることです。

研究計画書とは、研究したいテーマや、研究の目的・研究計画の概要・期待される成果などを、本人が1200〜2000字程度でまとめるもので、これは志望理由書にも増して重要といえます。

なぜなら、この研究計画書ひとつで、その人の問題意識から学習意欲・論理力・文章構成力・勉強量まで、さまざまな能力が判断できるため、その出来が合否のカギを握っているといっても過言ではないからです（書き方については、113ページ参照）。

なお、すべての出願書類を準備し終えたら、郵送する前に、必ず自分用にも1部コピーを取っておきましょう。理由はもちろん、面接に備えるためです。

面接で志望理由書や研究計画書の内容について質問されたときに、自分が何を書いたのか忘れてしまっていては、もはや合格は望むべくもありませんから、面接対策として必ずコピーを取ることを忘れずに！

Q6 社会人入試はいつ行なわれるの？

一般入試の受験シーズンといえば2～3月です。

しかし、社会人入試の場合は、大学・大学院ともに7月に試験を実施するところがあるかと思えば、3月に実施するところもあったりして、いつが社会人入試の受験シーズンかということは、一概にはいえません。

●毎月どこかで試験が行なわれている

というよりも、試験日があちこち散らばっていて、年中どこかで試験が行なわれているということが、社会人入試の大きな特徴といえます。

ただし、散らばっているといっても、均等に散らばっているわけではなく、試験日が集中している時期というのはあります。

一番多いのは10～11月で、これは「秋入試」と呼ばれており、2番目が2～3月で、こちらは「春入試」と呼ばれています。

試験の回数については、年に1回しか行なわないところもあれば、秋と春の両方で年2回行なうところもあったりと、こちらもじつにさまざまで、中には年に5回も試験を実施しているところもあります。

なお、試験日のことで注意しておかなければいけないことは、毎年同じ時期に試験が行なわれるとは限らないということです。

社会人入試では、年によって試験日が変わることは、決して珍しいことではありません。

したがって、志望校が決まったら、必ず大学・大学院に試験日程を確認するようにしてください。

そうしないと、「気が付いたら、今年の試験は終わっていた」という、泣くに泣けない結果にもなりかねませんので……。

◎社会人入試がよく行なわれる時期

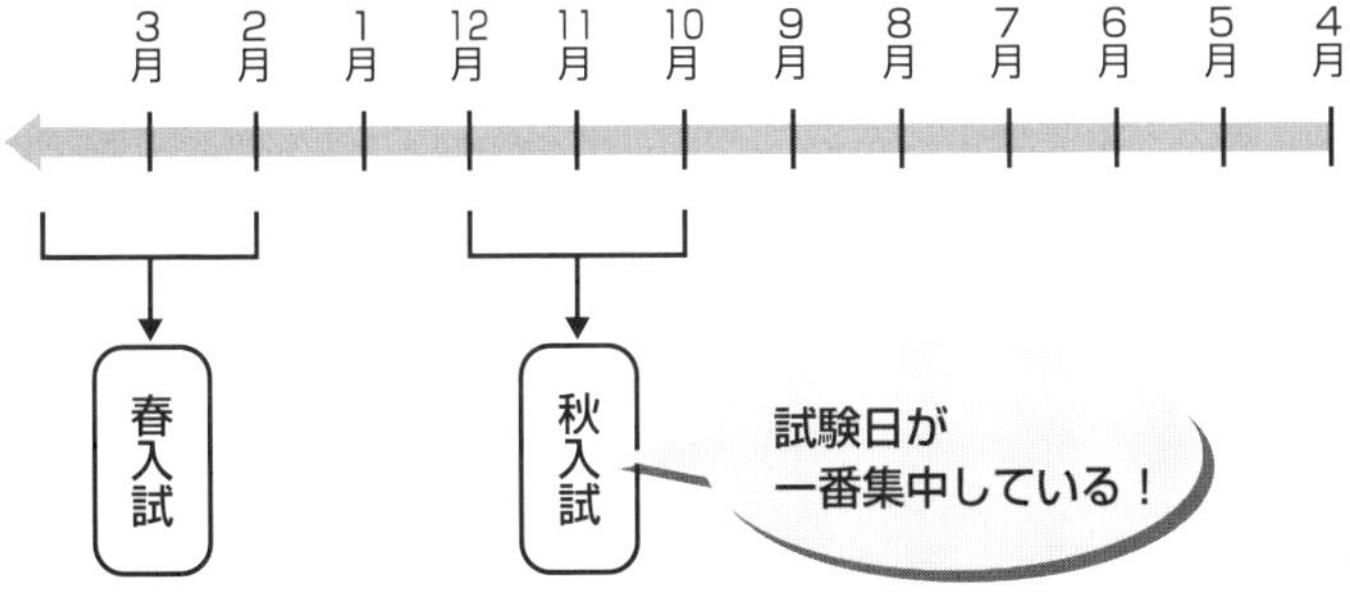

秋と春に試験日が集中する傾向があるが、基本的には
1年中どこかの大学・大学院で試験が行なわれている。

Q7 試験の内容はどうなっているの?

社会人入試の試験内容は、基本的に「書類審査・小論文・面接」というパターンか、これに英語をプラスした「書類審査・英語・小論文・面接」というパターンが多く、ほとんどの大学がこのどちらかのパターンで、社会人入試を実施しています。

●試験の難易度は?

中には、工学部で数学、薬学部で化学といったように、学部によっては専門分野の学科試験を課すところもありますが、こういう大学は少数派です。

ただし、大学院の場合は、専門分野の学科試験を課すところが結構あります。

学科試験が課される場合、その難易度はどうかというと、大学・大学院によって多少バラツキはあるものの、総体的には一般入試の学科試験に比べて、かなりやさしくなっているところがほとんどです。

さらに、英語の試験は「辞書持ち込み可」になっているところが多いため、学科試験に関する受験勉強の労力は、かなり軽減されているといえます。

小論文に関しては、試験当日にテーマを与え、それを60～90分の時間内に、800～1200字程度でまとめさせるというのが標準的なパターンです。

テーマや出題形式は大学・大学院によってまちまちで、ごく一般的なテーマを与えるものから、専門分野に関連したテーマを与えるもの、複数のテーマから選択させるもの、資料やデータを分析させるものまで、じつにさまざまですので、志望校が決まったら、早めに過去問を入手してチェックしておくといいでしょう。

ちなみに、過去問は、ほとんどの大学・大学院が公表していますので、大学・大学院に問い合わせれば、入手することができます（有料の場合もあります）。

●面接＝口述試験？

面接に関しては、よくある質問として、次の3つがあげられます。

面接でよくある質問

①志望理由に関するもの。
②学習意欲を見るもの。
③社会人としての経験を問うもの。

中でも重要なのが「①志望理由」で、これについては志望理由書を書く段階から、説得力のある内容になるよう、よく吟味しておく必要があります。

また、大学院の中には、面接のことを口述試験や口頭試問と呼んでいるところがあり、そこでは面接の際に、専門知識や語学力に関する口述試験が行なわれますので、注意が必要です。

面接のスタイルについては、面接官2名に対して受験生1名というパターンが一般的で、時間は15〜30分程度のところが多いようです。

◎社会人入試のおもな試験内容

英語

・辞書持ち込み可がほとんど。

小論文

・60〜90分で800〜1200字程度。

・テーマは一般的なものから専門的なものまで、さまざま。

面接

・「志望理由」をきちんといえるようにしておくことがポイント！

書類審査

・志望理由書や研究計画書などの出願書類をチェック！

Q8 受験料・入学金・授業料は？

社会人入試の制度を利用すれば、大学・大学院に入りやすいとはいうものの、結局のところ、先立つものがなければ、せっかく試験に受かったとしても、学生生活を続けていくことはできません。

●初年度だけで100万円前後のお金が必要

では、大学・大学院にいくためには、いったいいくらのお金が必要なのでしょうか？

まず、最初に必要になるのは、「受験料」です。

大学の場合は、国立が一律1万7000円（夜間部は1万円）で、私立は3万円～3万5000円。

大学院の場合は、国立が一律3万円、私立は3万～3万5000円となっています（いずれも2002年度実績）。

次に必要になるのは、入学金と1年次の授業料に、施設費や寄付金などを加えた「初年度納付金」と呼ばれるものです。

これに関しては、大学の場合、国立が一律77万8800円（入学金28万2000円＋授業料49万6800円）で、私立は100〜150万円程度。ただし、医科歯科系では、1000万円を超えるケースもあります。

大学院の場合も、国立が一律77万8800円で大学と同額。

私立は大学院・研究科によってかなりバラツキがありますが、平均するとだいたい100万円前後となります。

なお、私立の場合、学内出身者の入学金が学外出身者の半額程度になるところが数多くあり、中には学内出身者は入学金免除という大学院もあります。

◎大学・大学院の受験料および初年度納付金

大学

	国　立	私　立
受験料	1万7000円	3万〜3万5000円
初年度納付金	77万8800円	100万〜150万円 （医科歯科系は1000万円超も）

大学院

	国　立	私　立
受験料	3万円	3万〜3万5000円
初年度納付金	77万8800円	100万円前後

（ともに2002年実績）

Q9 奨学金制度は使えるの？

会社を辞めて大学・大学院に通う場合はもちろんのこと、仕事を続けながら通う場合でも、高額な学費をどうやって捻出するかは、社会人学生にとって深刻な問題です。

そんなとき、強い味方となってくれるのが、各種の「奨学金制度」です。

●社会人でも奨学金制度を使うことは可能

収入のある社会人の場合は、奨学金をもらえないと思いこんでいる人も多いようですが、決してそんなことはありません。

社会人でも基準さえ満たせば、奨学金を受給することはできるのです。

中でも利用しやすいのが、国が運営している「日本育英会」の奨学金。「第一種奨学金」（無利子）と「きぼう21プラン奨学金」（年利3％を上限とする有利子）があります。第一種は「とくに優れた学生で経済的理由により著しく修学困難な者」に、きぼう21プランは「第一種よりも緩やかな基準によって選考された者」に、それぞれ貸与されます。

ちなみに、収入の基準だけでいうと、第一種の場合は年収１０３７万円以下、きぼう21プランの場合は年収1387万円以下（ともに、私立大学・4人世帯・自宅外通学の場合）であれば、対象となります。貸与される月額は左表の通りで、第一種奨学金ときぼう21プラン奨学金とを併用することも可能です。

なお、日本育英会以外にも、地方自治体や民間の育英団体、大学独自の奨学金制度もありますので、最寄りの自治体や受験する大学に問い合わせてみるといいでしょう。

●国の教育ローンなら200万円までOK！

さらに、入学金などにあてるため、まとまったお金を借りたいという人には、国民生活金融公庫で取り扱っている「国の教育ローン」がオススメ。

世帯の年間収入が990万円以下の人であれば、年1・6％（平成15年3月3日現在）という低利で、200万円まで借りることができます。

しかも、このお金は入学金や授業料などの学校納付金だけでなく、受験料や受験時の交通費・宿泊費などの受験費用、アパート・マンションの敷金・家賃などの住居費用などにあてることもできますので、非常に使い勝手のいいローンといえます。

なお、返済期間は原則として10年以内で、在学中は元金の返済を据置くことができるようにもなっています。

◎日本育英会の奨学金制度

大学の場合（平成14年度入学者）

奨学金の種類		奨学金の月額	
		自宅通学者	自宅外通学者
第一種奨学金	国公立の学部・短大	4万2000円	4万8000円
	私立学部	5万1000円	6万1000円
	私立短大	5万円	5万7000円
きぼう21プラン奨学金（第二種奨学金）		3万円、5万円、8万円、10万円のいずれかを選択	

※きぼう21プラン奨学金は「国公立・私立、自宅・自宅外」の区別に関係なく、上記4種類の月額の中から申込者が選択。また、私立大学の医学・歯学課程は4万円、私立大学の薬学・獣医学課程は2万円を増額することも可能（ただし、きぼう21プラン奨学金の10万円コースを選択した場合に限る）。

大学院の場合（平成14年度入学者）

奨学金の種類		奨学金の月額
第一種奨学金	修士・博士前期課程	8万5000円
	博士後期課程	11万9000円
	博士医・歯・獣医課程	11万9000円
きぼう21プラン奨学金（第二種奨学金）		5万円、8万円、10万円、13万円のいずれかを選択

（日本育英会のHPより）

Q10 教育訓練給付金は受けられるの？

一定の条件を満たした人が、厚生労働大臣の指定する講座を受講し、きちんと修了した場合、受講料の80%（最大30万円）が国から支給されるという「教育訓練給付制度」――。

ご存じの方も多いと思います。

中には、すでにこの制度を利用して資格を取得した、あるいは現在英会話スクールに通っているという人もいらっしゃることでしょう。

●対象となる講座もある

ところが、意外と知られていないのが、大学・大学院の講座の中にも、この教育訓練給付制度が使える講座があるということです。

大学の場合は、おもに公開講座が対象で、一般の学部の授業は対象となっていませんが、大学院の場合は修士課程そのもの、もしくは修士課程の一部が対象となっていますので、希望のコースがこの制度の対象となっていれば、受講料の80%（最大30万円）が国から支給されることになります。

支給されたお金は、奨学金と違って返還の必要がありませんので、教育訓練給付金の受給資格がある人は、自分の希望するコースが対象となっているかどうか、ぜひともチェックしておきましょう。

ちなみに、教育訓練給付金の受給資格とは、「雇用保険に5年以上加入していること」で、離職者や退職者の場合でも、退職日から数えて1年以内に受講を開始すれば対象となります。

◎教育訓練給付金とは？

以下の条件を満たした人が、厚生労働大臣の指定する講座を履修した場合、受講料の80%（最大30万円）が国から支給される制度（2003年2月現在）。

《条　件》
・雇用保険に5年以上加入していること。
（離職者でも、離職日から1年以内に受講を開始すればOK！）

指定講座になっている大学・大学院は？

◆以下のサイトで検索できます！

「中央職業能力開発協会」
http://www.kyufu.javada.or.jp/kyuufu/jsp/index.jsp

Q11 社会人でも学生になれば、学割は使えるの？

学生が学割を使えるのは当たり前だけど、社会人学生の場合も、学割は使えるの？　おそらく、こんな疑問をもっている方も多いのではないでしょうか。

●学生のメリットを最大限に活用すべし

しかし、ご安心ください。社会人だろうと何だろうと、学生であることに変わりはないので、一般の学生と同様に学割は使えます。たとえば、電車やバスなどの定期券はもちろんのこと、映画館や美術館・博物館などの施設でも、割引が受けられるようになっていますので、こうした施設を利用する際は、臆することなく学生証を提示し、堂々と割り引いてもらいましょう。

また、ソフトウェアの中には「アカデミックパック」というものがあって、学生および学校関係者は、ソフトが半額程度で買えるという特典もあります。さらに最近は、プロバイダーや携帯電話の学割料金も出てきていますので、うまく利用すれば、かなりの節約になるはずです。

そのほかにも、ヘヤーカットや各種遊戯施設・旅行など、学割が使えるサービスはまだまだたくさんありますので、どんどん使って学生であることのメリットを享受しましょう。

Q12 入学後は一般学生と別扱い？

社会人入試制度を利用して、希望の大学・大学院に無事合格することができたら、次はいよいよ入学ということになります。そのときの心配事としては、社会人学生は一般の学生と同じ扱いなのか、それとも特別扱いしてもらえるのかということでしょう。

●社会人だからといって特別扱いはなし

どの大学・大学院も基本的には同じ扱いです。社会人特別クラスというようなものはなく、一般学生と同じ講義を受けることになります。当然、体育の授業も受けなければなりません。

これは、会社を辞めずに大学・大学院に通う勤労学生といえども同じこと。仕事の都合で遅刻せざるを得なくなったり、欠席せざるを得なくなったりしたとしても、大目に見てもらえることはありません。出席日数が足りなくなれば、単位が取得できないことだってあるのです。

また、長年、勉強から遠ざかっていた社会人が、講義についていけるかも心配な点ですが、これも特別扱いはしてもらえません。したがって、必要な単位数を取得し、無事卒業するためには、人一倍努力しなければならないことを、あらかじめ覚悟しておいたほうがいいでしょう。

Q13 仕事との両立は可能なの？

仕事と学業との両立が可能かどうかに関しては、その人の置かれた状況にもよりますので、一概にはいえません。
ただ、現実に両立させて頑張っている人がたくさんいることからすると、やり方次第では十分可能ということになるでしょう。

●両立のポイントとは？

では、両立を成功させるポイントとは、何なのでしょうか？
それは2つあります。

仕事との両立のためのポイント

①会社との関係。
②大学・大学院の開講形態の選択の仕方。

まず①の「会社との関係」では、「大学・大学院に通っていることを、正直に会社に打ち明けるべきかどうか」という問題があります。

これに関しては、まったく業務に支障をきたすことなく、何年間か大学・大学院に通い続けられるという環境にある場合は別ですが、そうでないとすれば、受験する前に会社に正直に打ち明けて、合格したら大学・大学院に通うということで、了承を得ておいたほうがいいでしょう。

「でも、会社にいってしまって、試験に落ちたらカッコ悪いしなぁ」という人もいると思います。そういう人は、事前に直属の上司にだけは話を通しておいて、合格したら正式に会社に報告するというやり方がいいでしょう。

今回取材した人たちのほとんどは、そういう報告の仕方をしていました。

いずれにしても、うまく仕事と学業を両立させている人の多くは、会社に正直に話しているのが実情です。

打ち明けておいたほうが、試験前など、いざというときに協力が得られやすいですし、もしかしたら会社が金銭的なバックアップをしてくれるかもしれませんので、とにかく相談してみることです。

実際、今回取材した中にも、「会社と交渉して授業料を全額会社に負担してもらった」という強者がいました。

●自分の環境に合った開講形態を選ぼう

②の大学の開講形態については、「いろんな形態がある中から、いかに自分の置かれた環境に適した形態を選択するか」がポイントとなります。

昔であれば、働きながら大学・大学院に通う人の選択肢は、「夜間部（二部）」しかなかったわけですが、今ではそのほかに、昼間と同じ講義を夜間や土日にも開講している「昼夜・土日開講制」などがあり、以前に比べて選択の幅が広がっています。

また、社会人の通学の便を考えて、都心にサテライトキャンパスを置く大学・大学院も増えつつあり、働く社会人にとっては、非常に両立しやすい環境が整備されつつあるといえます。

さらに、インターネットや衛星放送、ケーブルテレビなどを使って授業を行なう通信制大学・大学院も増えていますので、自分の置かれた環境をよく分析してみて、無理なく学べそうな形態を選択すれば、両立は十分可能といえるでしょう。

それぞれの開講形態の詳しい内容については、2章で紹介します。

Q14 会社を辞めたら、年金や保険はどうなる？

会社を辞めて社会人学生になる場合、気になるのは、年金や健康保険がどうなるのかということではないでしょうか。また、税金がどうなるのかも、気になるところだと思います。

そこで、これらのことに関して、簡単に説明しておくことにします。

●国民年金は全額免除も可能！

まず年金に関しては、会社を辞めると、厚生年金から国民年金に切り替える必要があります。手続きは市区町村役場の国民年金課にいけばやってくれます。

ただ、問題は、会社を辞めて収入がなくなってしまった状況の中で、年間約16万円（月額1万3300円）の国民年金保険料を払っていけるのかどうか、ということです。

払えそうにないという場合の選択肢としては、次の2つがあります。

保険料を払えない場合の選択肢

①免除制度を利用して、保険料の支払いを全額あるいは半額免除してもらう。

②国民年金の第3号被保険者になる。

まず、①の「免除申請」が認められれば、免除された期間の3分の1（半額免除の場合は3分の2）は保険料を支払ったのと同じ扱いになりますし、10年以内なら追納することもできます。

ただ、免除が認められるかどうかは、「年収がいくらあるか」など、個々の状況によって違いますので、役所の国民年金課に問い合わせてみてください。

続いて、②の「国民年金の第3号被保険者になる」という方法ですが、これは、配偶者がいて、かつ、その配偶者が会社員の場合に限ります。

年齢が20歳から60歳未満で、年収が130万円未満であれば、会社員である配偶者の第3号被保険者になることができ、あなた自身は国民年金保険料を支払わなくても、支払ったものとして扱ってもらえます。

ちなみに、第3号被保険者になるには、配偶者の会社を通じて社会保険事務所などに届出をしてもらわなければなりませんので、配偶者から会社の担当者に聞いてもらうようにしてください。

●親族の被扶養者になるのがベスト!

次に健康保険については、会社を辞めて学生になる場合、次の3つの選択肢があります。

健康保険の選択肢

①健康保険に加入している親族の被扶養者になる。
②国民健康保険に加入する。
③会社の健康保険に継続加入する。

まず、最初に検討すべきは①です。これが可能であれば、保険料を支払わなくてもよくなるからです。

父母・祖父母・配偶者が会社員で会社の健康保険に加入していれば、別居していても彼らの被扶養者になることができますし、兄弟姉妹や伯父伯母と同居している場合は、彼らの被扶養者になることもできます。

ただし、被扶養者になるためには、年収が130万円以下という条件がありますので、アルバイトをする予定の人は注意が必要です。

①が無理な場合は、②と③のいずれかを選択することになります。

②の国民健康保険に加入する場合は、市区町村役場の国民健康保険課に申し込むことになります。

保険料は収入によって異なりますが、支払いがきつくなったときは、保険料を減免してもらえる場合もありますので、すぐに役所の担当者に相談しましょう。

無断で滞納を続けていると、保険証の返却を求められることになります。

③の選択肢については、どちらかというと、お金に余裕のある人向けです。

2ヵ月以上会社の健康保険に加入していた人は、退職後も継続加入することができることになっていて、病気治療中の場合には「継続療養」ということで病気が治るまで、そうでない場合でも「任意継続」ということで最大2年間までは、加入し続けることができるようになっています。

ただ、継続する場合は、これまで会社が負担してくれていた分の保険料を、今後は自分で負担しなければならず、健康保険の種類によっては、保険料が以前の2倍くらいになるケースもありますので、注意が必要です。

●忘れた頃にやってくる住民税に注意！

最後に税金についてですが、会社を辞めて学生になる場合、税金のことで注意しておかなければいけないのが住民税です。

所得税は給料をもらうたびに天引きされていますので、会社を辞めた後に取られることはないのですが、住民税の場合は、前年度の収入に対してかかる税金であるため、1年遅れで請求がくることになります。

したがって、たとえ会社を辞めて無収入になったとしても、住民税の請求は忘れた頃にやってきます。お金の手当はしておいたほうがいいでしょう。

住民税の額は収入によって違いますので、いくら準備しておけばいいかは一概にはいえません。

しかし、給料明細を見れば住民税の額が書いてありますので、毎年の給料がそんなに変わっていなければ、毎月その金額が払えるだけの準備をしておけば大丈夫でしょう。

2章

社会人の大学・大学院選び

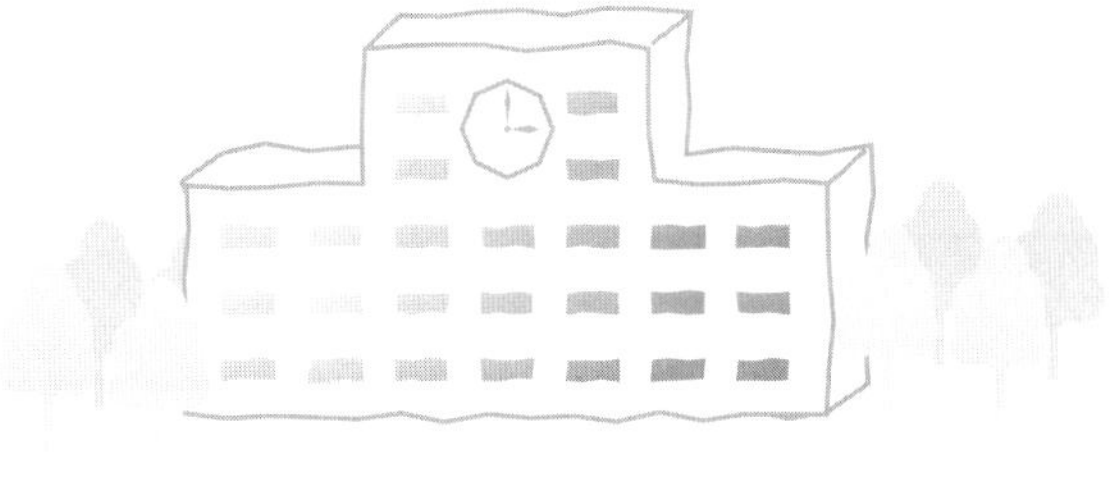

15 まずは「学ぶ目的」をはっきりさせる

社会人が大学・大学院選びをするうえで一番大切なことは、「何のために大学・大学院にいくのか」という目的をはっきりさせることです。この作業をやらずして、あれこれ大学・大学院選びをしてみても、あまり意味はありません。はっきりいって、時間の無駄です。

●おもな進学理由とは?

社会人の場合は、高校生が大学を選ぶのと違って、会社を辞めてまで、あるいは仕事との両立という苦労をしてまで、大学・大学院へ行こうというわけですから、それなりの目的はあるはず。ですから、まずはそこをはっきりさせましょう。

じつは、面接でも一番突っ込まれるのが、この目的の部分。したがって、この作業をおろそかにしていると、後々大変なことになりますので、まず最初に、自分は何のために大学・大学院に行こうとしているのか、よーく自問自答してみましょう。

目的がはっきりすれば、大学・大学院選びは八割方終わったといっても過言ではありません。なぜなら、あとは目的に合った大学・大学院を探せばいいからです。

ちなみに、大学・大学院にいく目的の代表的な例としては、次のようなものがあります。

おもな進学理由

①学歴が欲しいから。
②資格試験を受ける際、大卒であれば一次試験が免除されるから。
③専門知識を身につけて、企業人としてキャリアアップを図りたいから。
④将来、起業したいから。
⑤研究者になりたいから。

もちろん、このうちのどれかでなくてはならないというわけではなく、むしろ、人によって目的は違って当然といえます。

ただ、ひとつ注意しておきたいのは、大学・大学院に入ることが目的ではなく、進学はあくまでその先にある目的を達成するための手段であるということです。

したがって、たとえば①の「学歴が欲しいから」という目的では、少し漠然としすぎていますので、「○○業界に転職するために、どうしても△学部を卒業しなければならない」といったように、もう少し掘り下げてみたほうがいいでしょう。

16 自分に合った「開講形態」を選ぶ

目的がはっきりしたら、次の検討課題は開講形態の選択です。

●おもな開講形態とは？

開講形態とは、どのような形態で授業が行なわれるのかということです。大きく分けると「通学制なのか、通信制なのか」、さらには「通学制の中でも、昼間部なのか、夜間部なのか」ということになります。

最近は、働く社会人に配慮したいろんな開講形態が登場していますので、その特徴を簡単に紹介しておきたいと思います。

おもな開講形態

(a)通学制
①昼間部（一部）
②夜間部（二部）

③昼夜・土日開講制
④サテライト・キャンパス
(b)通信制

●「通学制」に向いているのは？

まず、通学制についてそれぞれ見ていきましょう。

＊

①昼間部（一部）

昼間のみ授業が行なわれるごく普通の開講形態で、学べる内容がもっとも多いのが特徴です。ただし、仕事をもった社会人が昼間部に通うには、会社を辞めなければならないケースがほとんどであるため、仕事との両立を考えている人には不向きといえるでしょう。

＊

②夜間部（二部）

仕事をもつ社会人が古くから活用してきた開講形態で、平日の夜と土曜に授業が行なわれます。平日の夜の授業は、17時半から18時にスタートするところがほとんどですが、中には16時台にスタートするところもあるので注意が必要です。

夜間部のメリットは、何といっても学費が安いこと。昼間部よりも5割近く安いので、今でも多くの社会人がこの開講形態を選択しています。

＊

③昼夜・土日開講制

昼間と同じ講義を夜間や土日にも開講している形態で、学生はどちらの授業を受講してもいいことになっています。したがって、平日が休みの人やフレックスタイム制の会社に勤めている人には、とくにオススメの開講形態といえます。

近年、一部・二部制からこの制度に移行する大学が増えています。

＊

④サテライト・キャンパス

働きながら学ぶ人のために、郊外にあるキャンパスとは別に、交通の便のよい都心の駅前などに教室を設けて授業を行なうものです。

カリキュラムの一部だけをそこで行なうケースや、特定の大学院の研究科についてのみサテライト・キャンパスが設置されているケースなど、利用方法はさまざまですが、仕事との両立を考える人にとっては非常にありがたい制度といえます。

最近では、何らかの形でサテライト・キャンパスを設置するところが増えていますので、自分のいきたい大学・大学院にサテライト・キャンパスがあるかどうか、チェックしてみましょう。

●「通信制」に向いているのは?

通信制というのは、文字通り、おもに通信教育によって授業を受ける形態のことで、所定の単位を取得すれば、通学制の学生と同様に、正規の卒業資格を得ることができるようになっています。

現在、通信教育部をもつ大学は、放送大学も含めて全国に28校あり、仕事の都合上、あるいは地理的・経済的に通学するのが困難な社会人の多くが、この制度を利用して学んでいます。

通信制の特徴は、何といっても自分のペースで勉強ができること。大学から送られてくるテキストを読んで、レポートを提出するという授業形態がメインとなりますので、自分の都合のいい時間に勉強することができます。

ただ、正科生(本科生)として卒業をめざす場合には、全単位の4分の1に相当する30単位程度を、「スクーリング」と呼ばれる大学での受講によって取得しなければならないことになっています。

しかし、それも地方都市で開催したり、夜間や週末、夏休みなどに実施したりといった具合に、大学側がかなり働く社会人に配慮してくれていますので、これがネックになることはないでしょう。

むしろ、問題となるのは性格のほうで、意志の弱い人にはあまり向かない形態かもしれません。ちなみに、大学の場合は、最短だと4年で卒業できますが、6～7年かかるのが一般的なようです。

また、通学制に比べて学費がはるかに安いのも、通信制の特徴。正科生の場合、初年度納入金は10～35万円程度となっています。

そのほか、通信制の特徴としては、入学試験がないことや、入学期が4月と10月の2回あるということなどがあげられます。

なお、大学院にも通信制がありますが、大学院の場合は通学制の社会人入試と同様の入学試験がありますし、学費も通学制とそんなに変わりません。

◎通信教育部がある大学・大学院

大学

大学名	学部名	学科名
北海道情報大学	経営情報	経営／情報
東北福祉大学	総合福祉	社会福祉／社会教育／臨床心理
東京福祉大学	社会福祉	社会福祉
人間総合科学大学	人間科学	人間科学
聖徳大学	人文	児童／日本文化／英米文化
帝京平成大学	情報	経営情報
慶應義塾大学	文	-
	経営	-
	法	-
産能大学	経営情報	経営情報
創価大学	経済	経済
	法	法律
	教育	教育／児童教育
玉川大学	教育	教育
中央大学	法	-
東洋大学	文	日本文学文化
	法	法律
日本大学	法	法律／政治経済
	文理	-
	経済	経済
	商	商業
日本女子大学	家政	児童／食物／生活芸術
法政大学	法	法律
	文	日本文学／史学／地理
	経済	経済／商業
武蔵野女子大学	人間関係	-
武蔵野美術大学	造形	油絵／工芸工業デザイン／芸術文化／デザイン情報
明星大学	人文	心理・教育
愛知産業大学	造形	産業デザイン
日本福祉大学	経済	経営開発
京都造形芸術大学	芸術	芸術／美術／デザイン
佛教大学	文	仏教／史学／日本語日本文学／中国語中国文学／英語英米文学
	教育	教育
	社会	社会／応用社会／社会福祉
大阪学院大学	流通科学	流通科学
大阪芸術大学	芸術	美術／デザイン／建築／文芸／音楽／放送／写真／工芸／映像
近畿大学	法	法律
九州保健福祉大学	社会福祉	臨床社会福祉
第一福祉大学	人間社会福祉	社会福祉
放送大学	教養	-

大学院

大学院名	研究科名
東北福祉大学大学院	総合福祉学研究科
日本大学大学院	総合社会情報研究科
聖徳大学大学院	児童学研究科
帝京平成大学大学院	情報学研究科
明星大学大学院	人文学研究科
中京大学大学院	情報科学研究科
名古屋学院大学大学院	外国語学研究科
日本福祉大学大学院	国際社会開発研究科
佛教大学大学院	文学研究科 教育学研究科 社会学研究科
吉備国際大学大学院	社会福祉学研究科
倉敷芸術科学大学大学院	芸術研究科 産業科学技術研究科 人間文化研究科
東亜大学大学院	総合学術研究科
九州保健福祉大学大学院	社会福祉学研究科 保健科学研究科
放送大学大学院	文化科学研究科

（2003年2月現在）

17 「放送大学」で自宅のテレビを通して学ぶ

放送大学とは、文部科学省および総務省が設置母体の特殊法人で、大学教育をすべての社会人に提供することを目的に設置された生涯学習機関です。

●放送大学での学び方は？

学び方は、次の3種類――。

> **放送大学での学び方**
>
> ①4年以上（最高10年）在学して、所定の124単位以上を修得し、学士（教養）の学位取得をめざす「全科履修生」。
> ②1年間在学して、学習したい科目だけを履修する「選科履修生」。
> ③1学期間（6ヵ月）在学し、学習したい科目だけを履修する「科目履修生」。

選科履修生と科目履修生については、満15歳以上であれば誰でも、全科履修生については、満18歳以上で大学入学資格のある人であれば誰でも、無試験で入学することができます。

授業形態は、テレビ・ラジオによる放送授業と、印刷教材であるテキストを併用して行なわれる「通信教育」が中心で、その他に、1科目につき1学期1度のレポートによる「通信指導」と、全国50カ所にある学習センターでの「面接授業」（スクーリング）があります。

入学時期は4月と10月の年に2回。学期ごとに教育課程が編成されているので、自分の都合に合わせて入学することができます。

学部は教養学部のみですが、78ページの別表のように既存の学問分野の枠にとらわれないユニークな3つのコース（生活科学、産業・社会、人文・自然）と、6つの専攻（生活と福祉、発達と教育、社会と経済、産業と技術、人間の探究、自然の理解）があります。

学費が非常に安いのも、放送大学の特徴。ちなみに、全科履修生の場合でいうと、入学料が2万円で、それプラス授業料が1単位当たり5000円と一律なので、124単位修得するために必要な額は、全部で64万円（2万円＋62万円）ということになります。

●修士号の取得もできる？

放送大学には、大学院もあります。

大学院の場合も、授業形態は大学と同様、テレビ・ラジオによる放送授業とテキストで学習するスタイルで、おもに自宅にいながらにしての学習が可能となっています。

研究科および専攻は、文化科学研究科文化科学専攻の1研究科1専攻のみですが、その中に79ページの別表のような4つのプログラム（総合文化プログラム、政策経営プログラム、教育開発プログラム、臨床心理プログラム）が設けられています。

学び方は、2種類あります。

放送大学院での学び方

①いずれかのプログラムに所属し、大学院の修了をめざす「修士全科生」。
②自分の学習テーマに沿った科目を選択して履修できる「修士科目生」。

修士全科生は、修了要件を満たせば、修士（学術）の学位が授与されます。標準修業年限は2年間で、在学年限は5年間です。入学時期は4月入学のみで、「書類審査」「小論文試験」「面接試問」があります。

修士全科生として入学すると、修士論文または特定課題研究作成のための研究指導を受けることになりますが、その研究指導は、研究指導担当教員による「研究レポートの添削指導・講評」のほか、「Eメールやテレビ電話」「電話」「FAX」「質問票の郵送」「対面による直接指導」などの方法によって行なわれることになっています。

これに対し、修士科目生の入学時期は4月と10月の年2回。18歳以上であれば誰でも入学でき、在学期間は1学期間（6ヵ月）となっています。

学費については79ページの別表の通りですが、修士全科生の場合でいうと、修了要件である22単位を修得するためには22万円（臨床心理プログラムは26単位なので26万円）が必要となります。

さらに、研究指導料が16万円（2万円×8単位）必要となりますので、全部で45万円（臨床心理プログラムの場合は49万円）となります。

学費に関しては、放送大学・大学院ともに、他の通信制の大学・大学院と比較しても格段に安くなっていますので、経済的に余裕のない人にとっては、大きな魅力といえるでしょう。

◎放送授業が受信できるチャンネル

		テレビ	ラジオ
地上放送〈注〉	東京局	UHF16ch	FM77.1MHz
	前橋局	UHF40ch	FM78.8MHz
CSデジタル放送（スカイパーフェクTV！）		205ch	500ch
CATV（ケーブルテレビ）		CATVで再送信が実施されている場合は、CATVによる視聴も可能。	

〈注〉地上放送が受信できる地域は、関東一円のみ。それ以外の地域では、CATVかCSデジタル放送で受信するしかない。

（2003年2月現在）

◎放送大学の学部・コース・専攻

学部	コース	専攻	教育の目標
教養学部	生 活 科 学	生活と福祉	知性豊かな生活を築くために、衣食住・健康・福祉など、生活にかかわる諸問題への理解を深めます。
		発達と教育	育児や青少年の教育・指導のための基本的な知識を習得するとともに、人間における教育の役割について理解を深めます。
	産業・社会	社会と経済	政治・経済・社会のしくみと動きに関する基本的な問題について理解を深めます。
		産業と技術	産業・技術の発展の動向や経営管理のあり方についての知識を深めます。
	人文・自然	人間の探究	現代文明や地域文化の特質とその発展の歴史を探るとともに、人間の思想・文学・芸術などについて理解を深めます。
		自然の理解	自然の本質について種々の視点から学び、認識を深め、自然と人間生活とのかかわり合いについて理解を深めます。

◎放送大学の学費（平成14年度）

	入学料	授業料
全科履修生	2万円	5000円×単位数
選科履修生	7000円	5000円×単位数
科目履修生	5000円	5000円×単位数

◎放送大学院のプログラムの概要

研究科・専攻	プログラム		概　　要
文化科学研究科文化科学専攻	①総合文化プログラム		人文・社会科学と自然科学（ソフトサイエンス）とにまたがる領域横断的な発想と思考を身につけて、情報・環境などの学際・複合領域で新たな知のパラダイムを創造し、その成果の社会への発信・受容を担う人材の養成。
		文化情報科学群	現代における情報のツールとコンテンツの実態と可能性について、総合的な知見と判断力をもち、教育・文化・科学技術などの分野における実践的活動のできる人材の養成。
		環境システム科学群	科学技術の影響が甚大である現代社会において、要求される自然科学的な思考と実践能力の基礎の養成。
	②政策経営プログラム		公共機関、NPO・NGO、企業などで、グローバルスタンダード（国際標準）のマネジメント能力や政策立案能力をそなえた指導的人材の養成。
	③教育開発プログラム		的確な分析力と優れた実践的指導力、あるいは教育組織の十分な管理運営能力を身につけ、現代の学校や地域社会が直面する教育課題に積極的に取り組み、多様な生涯学習ニーズに対応していくことのできる指導的人材の養成。
	④臨床心理プログラム		さまざまな分野で深刻さを増す心理的な問題に対応できる心理臨床家の養成。㈶日本臨床心理士資格認定協会に第2種大学院指定校の申請予定。

◎放送大学院の入学検定料・入学科・授業料（平成14年度）

	入学検定料	入学料	授業料	研究指導料
修士全科生	3万円	4万円	1万円×単位数	2万円×単位数
修士科目生	−	1万円	1万円×単位数	−

18 「公開講座」(オープンカレッジ)で特定の知識を得る

大学・大学院に通うのは無理だけど、ある分野について専門的・体系的に学んでみたい――。そんな人には、「大学の公開講座(オープンカレッジ)を利用する」という方法がオススメです。

●学位・修士号はとれない?

公開講座というのは、大学が通常の講義とは別に、一般市民向けに公開している講座のこと。学位や修士号の対象になりませんが、テーマは文学や歴史・芸術などから、資格取得や語学習得・パソコン上達などの実務的なものまで、多彩なラインナップがそろっています。

期間は1回で終わるものから、年間を通じて何回か受講するものまで多種多様で、1回当たりの講義時間は90分がほとんど。また、主婦向けは昼間、ビジネスマン向けは夜というように、受講者が出席しやすい時間帯に設定されています。中には無料の講座もありますが、平均するとだいたい「3000円×回数」といった比較的安価な金額に設定されているようです。

経営戦略やマーケティング、国際情勢、財務・経理、金融、自己啓発といったビジネスマン向け講座も多数ありますので、短期間でスキルアップしたい人は検討してみるといいでしょう。

19 「科目等履修生制度・聴講生制度」で好きな科目だけ学ぶ

カルチャーセンター的な公開講座ではなく、きちんとした正規の大学・大学院の授業を聴いてみたいという人には、「科目等履修生制度」や「聴講生制度」を利用するという方法があります。

●教員免許や学位も取れる?

まず科目等履修生制度ですが、これは大学・大学院が正規の学生のために開講している授業科目の中から、興味のある授業やスキルアップに必要な授業だけをピックアップして、それだけをピンポイントで受講できるという制度です。

しかも、受講後に試験を受けて合格すれば、単位として認定されますので、この制度をうまく利用すれば、教員免許や学芸員といった資格を取得することも可能というわけです。

大学時代には教師になる気がなかったので教職課程を取らなかったけれども、社会人になってから教師になりたいと思ったという人の場合、もう一度入学試験を受けて大学に入り直さなくてもよいのです。この制度を利用して教職課程だけを受講すれば、教員免許を取ることができます。

また、短大や高専の卒業者がこの制度を利用して一定の単位を修得し、大学評価・学位授与機構の実施する審査に合格すれば、学士の学位を取得することもできます。

科目等履修生になるために必要な資格は、受講する授業科目によって違っていて、大学入学資格があればいいものから、大卒者でなければ出願できないものまでありますので、必ず大学・大学院に確認するようにしてください。

選考方法については、書類審査と面接試験が基本で、学科試験はないのが普通です。ただし、大学院の場合は、学科試験が行なわれるのが一般的です。

一方、聴講生制度も、基本的には科目等履修生制度と同じで、正規の授業の中から好きな授業だけをピンポイントで受講できる制度です。

ただ、科目等履修生制度と違う点は、受講しても単位として認定されない点です。

そのため、出願資格および選考方法も、科目等履修生に比べると緩やかになっていて、出願資格は「満18歳以上であればOK」で、選考方法は「書類審査のみ」というのが一般的です。

20 「修業年限1年システム・セメスター制」で短期集中で学ぶ

近年、「修業年限1年システム」や「セメスター制」の登場によって、忙しい社会人が学びやすい環境がより充実してきています。

●社会人が学びやすくなった?

大学院の修士課程（博士前期課程）の標準修業年限といえば、2年というのが一般的ですが、これを最短1年で修了できるようにしたのが、「修業年限1年システム」です。

通常の授業以外に、夏休みや夜間、土日にも授業を開設することによって、1年で修了することが可能になっています。

このシステムは、「できるだけ早く職場に復帰したい」という社会人学生の要望に応えたもので、近年、このシステムを導入する研究科が増えています。

一方、「セメスター制」とは、1年を「春学期」と「秋学期」といった2期に分けて、ひとつの授業を半年で完結させ、半年ごとに単位を認定する制度です。

この制度は、欧米の大学では一般的ですが、最近は日本でも導入する大学・大学院が増えてきました。

セメスター制のメリットは、「仕事の都合上、途中で大学院に通えなくなったりした場合に、1期分だけ休学するといったことも可能」ということ。

これまでは、半年間だけ通えなくなったとしても、1年丸ごと休学するしかなかったわけですが、この制度だと、秋学期だけ休学することができるわけで、忙しい社会人にとっては、非常に便利な制度だといえるでしょう。

◎修業年限1年システムとは？

大学院の修士課程を最短1年で修了できるようにした制度。そのため、いち早い職場復帰が可能に！

◎セメスター制とは？

1年を「春学期」と「秋学期」に分け、ひとつの授業を半年で完結させ、半年ごとに単位を認定する制度。そのため、半年間だけ休学することが可能に！

21 「ネット情報」で進学先を絞り込む

今や大学・大学院選びに不可欠なツールといっても過言ではないのが、インターネットでしょう。これさえ使えれば、家にいながらにして、欲しい情報がほとんど手に入れられるからです。

●検索機能があるサイトは?

たとえば、憧れの大学、いきたい大学がある人は、その大学のホームページにアクセスすれば、「出願資格」や「入試日程」「カリキュラム」「授業料」など、社会人入試に関する情報を入手することができます。

また、いきたい大学がまだ絞り切れていないという人にも、インターネットは役に立ちます。というより、そういう人こそ、インターネットを使うメリットが大きいといえます。

なぜなら、インターネットの検索機能を利用すれば、膨大な数の大学・大学院の中から、自分の希望の条件に合った大学・大学院だけをピックアップすることができるからです。

たとえば、国立大学で、社会人入試を実施していて、埼玉県にある大学、といった条件を入力すれば、その条件を満たす大学が出てくるようになっています。

ちなみに、このような検索機能のあるサイトは、インターネット上に数多くありますが、中でも大学入試センターが運営している「大学進学案内・ハートシステム」は、すべての大学の情報が網羅されている点で、使い勝手がいいといえます。

そのほかにも、大学・大学院選びに役立つ情報はインターネット上に数多く散在しています。

中でも、㈱リクルート・アバウトドットコム・ジャパンが運営する「All About Japan」というサイトの中の「社会人の大学・大学院選び」は、一度は目を通してみることをオススメします。

◎社会人大学・大学院の情報が得られるサイト

サイト名	URL
大学進学案内・ハートシステム	http://www.heart.dnc.ac.jp/
Between　Web	http://www.between.ne.jp/
日経 大学・大学院ナビ	http://campus.nikkei.co.jp/
社会人の学校	http://www8.engokai.co.jp/shagaku/
社会人のための大学案内	http://www.edunavi.net/d_shakai/
日本の学校	http://www.js88.com/
社会人の大学・大学院選び	http://allabout.co.jp/career/adultedu/

22 「大学フェア・進学相談会」で生の声を聞く

「ネット情報だけでなく、生の声も聞いてみたい」という人には、社会人のための大学フェアや進学相談会に参加してみるのがおオススメです。

●大学の担当者に直接質問できる？

「大学フェア」というのは、要するにいろんな大学の合同入学説明会のことで、たいていの場合、会場には各大学のブースが設けられていて、そこで各大学の担当者が個別相談に応じてくれるようになっています。

つまり、フェア会場に足を運ぶだけで、いろんな大学の担当者から話を聞くことができるわけで、これがフェアに参加することの最大のメリットといえるでしょう。

さらに、もうひとつのメリットは、各大学の資料が無料で入手できるということです。たいていの場合、フェア会場の一角に資料コーナーがあり、そこに各大学の大学案内や募集要項、過去問集などが置かれていて、自由に持ち帰ることができるようになっています。

こうした大学フェアは、大学の広報連絡協議会や生涯学習推進協議会などが主催して、全国各地で開催されています。

　これに対し、「進学相談会」は、基本的には各大学が独自に開催しているもので、日本全国各地の会場を借りて行なわれています。

　進学相談会でも、担当者が個別相談に応じてくれますので、いろいろ質問してみるといいでしょう。

　そして、いきたい大学・大学院が決まったら、入学願書を取り寄せます。

　入学願書の入手方法は、大学・大学院の入試課宛てに、送料を同封して郵送で申し込むのが一般的です。中には、願書が有料のところもありますので、その場合はその代金も同封することになります。

◎大学フェアとは？

さまざまな大学が合同で開催する入学説明会のこと。全国各地で開催されていて、時期や場所などについてはWeb上で検索できる。

（⇒ 個別情報を知るには、前ページのサイトなどが便利！）

合同だけ…？

各大学では、独自の「進学説明会」も適宜行なっている。
詳しくは、志望の大学にお問い合わせを！

インタビュー1◆現役MBA社長・山田修氏

「社会人の勉強は、仕事と両立してこそ価値がある」

ビジネスマンが大学・大学院にいく場合、会社を辞めるべきか、辞めざるべきか——。やはり大学・大学院にいったほうが、転職する際には有利なのか——。

このような疑問について、大手外資企業の現役社長であり、かつ、『MBA社長の実践「社会人勉強心得帖」』『「就職人」に告ぐ』(ともにダイヤモンド社刊)などの著者でもある山田修氏に聞いてみました。

●目的は何でもかまわない？

——山田社長は5つも大学院にいかれたと聞いていますが、どうしてまた、そんなにいくつもの大学院にいこうと思われたのですか？

私が最初にいった大学院は、学習院の修士課程でした。このときは研究者になろうと思っていましたので、同大学を卒業後、そのまま大学院へと進学したわけです。しかし、自分は研究者には向いていないということに気づいて、就職することにしました。

二つ目の大学院にいったのは28歳のとき。日米会話学院がやっていた国際関係学院というところで、マーケティングやビジネス・コミュニケーションといった国際ビジネスを専攻しました。

この大学院へいこうと思ったのは、当時、貿易の仕事に従事していた関係で、英会話の勉強をしていたところ、英会話だけでなく、英語でビジネスの勉強がしたくなったからです。

そうこうしているうちに、今度は体系的に経営の勉強がしたくなり、三つ目の大学院となる青山学院の社会人大学院に行きました。29歳のときです。

ところが、この大学院が一度閉鎖されることになってしまったため、私は海外留学を考えるようになりました。そして、32歳のときにサンダーバード国際経営大学院に留学を果たし、ＭＢＡ（国際経営学修士）を取得して帰ってきました。これが四つ目です。

そして五つ目は、法政大学の社会人大学院の博士後期課程です。46歳のときに入学し、49歳で修了しました。このときは、ヨーロッパ系の大手外資企業の社長をしていましたが、もう一度経営学を学び直そうと思っていくことにしました。

＊

――大学院で学んだことは、仕事をしていくうえで役に立っていますか？

非常に役立っています。１９８７年以降、私は４つの外資企業の社長を歴任し、その４社すべてにおいて、不振だった業績を急回復させ、不調企業を優良企業に変身させせました。その結果、私はマスコミから「企業再建請負経営者」などと評されるようになったわけですが、こうしたことができたのは、やはり大学院で経営に関する知識やセオリーを学んだからだと思います。

また、現在も社長として経営戦略を立てたり、経営判断をくだしたりしていますが、これらはまさに経営大学院で学んだ知識や理論・セオリーの活用・応用だといえます。

＊

――ビジネスマンが大学・大学院にいく場合、どのような目的・動機でいくべきだとお考えですか？

大学・大学院へ行く目的や動機は、何でもかまわないと思っています。「大卒という学歴がほしいから」という目的でもいいでしょう。

それよりもビジネスマンにとって重要なことは、とにかく大学・大学院へいって勉強することです。「動機は何でもいいから、とにかく勉強しなさい」といいたいのです。

理由は、大学・大学院で学んだ知識や理論は、実社会でも役に立つことが多いから。とくに、大学院で学ぶことは、非常に役に立ちます。

また、大学・大学院にいけば、労働市場での評価も必ずあがりますので、そういう意味からも、大学・大学院にいける状況にある人は、ぜひとも大学・大学院にいって勉強することを強くオススメします。

●通学制と通信制はどっちがいい?

――では、大学・大学院にいく場合、通学制と通信制ではどちらがいいですか?

それは、もう圧倒的に通学制をオススメします。なぜなら、通信制の場合だと、よほど意思が強くなければ、卒業あるいは修了することが難しいからです。私自身も通信教育で失敗した経験があります。

さらに、何かを学ぶことの意義というのは、知識やスキルの修得だけにあるのではなく、先生や学生同士の交流にもあるということも、通学制をオススメする理由のひとつです。

通学制の場合は、机を並べて一緒に勉強することから、学生同士のネットワークが生まれます。じつは、ビジネスマンにとって、この人脈が非常に大きな財産なのです。

＊

――転身を図る目的で大学・大学院にいくという場合、会社を辞めて学業に専念するのと、会社を辞めずに仕事と学業を両立させるのとでは、どちらがいいですか?

20代のうちなら、会社を辞めて昼間の大学・大学院にいき、学業に専念するという選択肢もありえるでしょう。しかし、30代以上のビジネスマンの場合には、この選択肢はないものと考えておいたほうがいいと思います。

というのは、企業が中途採用をする場合、20代のビジネスマンであれば、さしたる実績がなくても、伸びる可能性があれば採用するのに対し、30代以上になると、可能性よりも仕事上での実績を重視するようになるからです。

したがって、30歳を過ぎてから2年も3年も現場を離れてビジネス・キャリアに穴を空けるということは、その後のビジネス人生において、ものすごく大きなハンディキャップとなってしまいます。だから、大学・大学院にいくにしても、会社を辞めずにいくべきだというわけです。

医者になるには医学部に入り直さなければいけないとか、将来、独立・開業を予定していて、もう会社勤めをするつもりはないというのであれば話は別ですが、そうでなければ、絶対に会社を辞めてはいけません。

別に会社を辞めなくても、その気になれば、働きながら大学・大学院に通うことは十分可能なのです。

＊

――では、大学・大学院にいくことを、会社には事前に報告すべきでしょうか？　また、報告すべきだとしたら、どの段階ですべきですか？

これは必ず報告すべきです。自分の都合のいい時間に勉強できる通信制ならいざ知らず、通学制の大学・大学院に通う場合は、隠そうとしても結局はどこかでバレてしまうものなので、バレる前にきちんと報告しておいたほうがいいからです。

また、会社や上司の承認・支援なしで4年ないし2年間、大学・大学院に通い続けることは非常に難しいので、職場の協力が得られるようにしておくという意味からも、きちんと報告しておくべきでしょう。

では、どの段階で報告するのがいいかというと、試験に受かってからというのが、タイミングとしてはいいと思います。

願書を出しただけの段階では、まだ試験に落ちる可能性がありますし、入学の直前では遅すぎるからです。

ただし、予備校に通うなど、事前の準備にかなりの労力が必要で、業務にも支障が出そうな場合には、その段階から報告して了承を得ておくべきでしょう。

●仕事と学校のどっちを優先する?

――会社を辞めずに大学・大学院にいく場合、仕事と学校のどちらを優先すべきですか?

大学・大学院にいくと決めた以上、仕事よりも学校を優先すべきです。したがって、学校がある日に残業や休日出勤を命じられた場合は、断固拒否すべきだといえます。そのために、事前に報告して了承を得ているわけですから。

残業を拒否したことによって、短期的な評価がさがることもあるでしょう。しかし、まったく気にすることはありません。影響が出るとしても、せいぜいボーナスが少し減ったり、昇給率が少し悪くなったりする程度だからです。

それよりも、長い目で見た場合には、学歴をあげたほうがよっぽどいいといえます。とにかく、大学・大学院に通いはじめたら、きちんと卒業・修了しないと意味がありません。仕事を優先したために授業に出席できず、中退ということにでもなったら、それこそ悲劇。中退は修了できなかったダメ人間という評価となり、悪い印象を与えるからです。

*

――大学・大学院では、どういう心掛けで勉強すべきだとお考えですか?

前述したように、せっかく入った大学・大学院を中退してしまうと、いかないよりも評価がさがってしまいますので、まずは「何が何でも卒業するゾ!」という意気込みで勉強することが大切です。

それから、「得られるものは何でも吸収するゾ」というハングリー精神も必要でしょう。実際、自分のお金で大学・大学院にきている人たちは、そういう意識の人ばかりですので、仮にそうでない人でも、周りの人たちに刺激されて自然とそうなっていくと思います。

＊

――会社に勤めながら大学・大学院を卒業・修了すれば、社内での評価はあがるものなのでしょうか？


同じ会社に留まる場合、以前よりも学歴がアップしたという一事をもって、すぐに給料があがるというようなことは、おそらくどの会社でもないと思います。

ただし、大学・大学院で勉強してきた人には、チャンスを与えてみようという気になる会社は多いと思いますので、そういう意味では、以前よりも昇給・昇格のチャンスは広がったといえるでしょう。

また、そうしたチャンスが与えられなかったとしても、大学・大学院で学んだことを生かして、以前よりも業績をあげていけば、それに伴って昇給・昇格していくということは十分あり得ることです。

ですから、同じ会社に留まる場合は、そのような生かし方をしていくことが重要ですし、社員を黙って大学・大学院に通わせている多くの会社は、それを期待していると思います。

＊

――では、転職する際には、学歴があがったことは有利になるでしょうか？

有利かどうかは相対的なことですので、一概にはいえません。しかし、少なくとも、以前の自分と比べれば、学歴がひとつあがった分だけ、転職市場においてもワンランク上のフィールドで戦えるようになったことは確かでしょう。

実際、採用する側の立場からいうと、入学の経緯が一般入試であろうと社会人入試であろうと、また昼間部であろうと夜間部であろうと、卒業・修了していれば、大卒は大卒、院卒は院卒として評価しますので、立派にキャリアとして通用するというわけです。

ただし、転職市場における稀少性という観点からすると、大卒者はゴロゴロいるのに対して、院卒者、とくに文化系の院卒者はまだそれほど多くはありません。したがって、文化系の院卒者の場合は、書類選考の段階でパッと目につくので、その時点から他の人よりも優位に立てることは間違いないといえます。

いずれにしても、転職する場合は、大学・大学院にいったことが生きるような転職をすべきです。逆にいうと、そういうチャンスがくるまで、ジッと今の会社で待つことも大切だといえるでしょう。

3章

社会人の受験勉強法

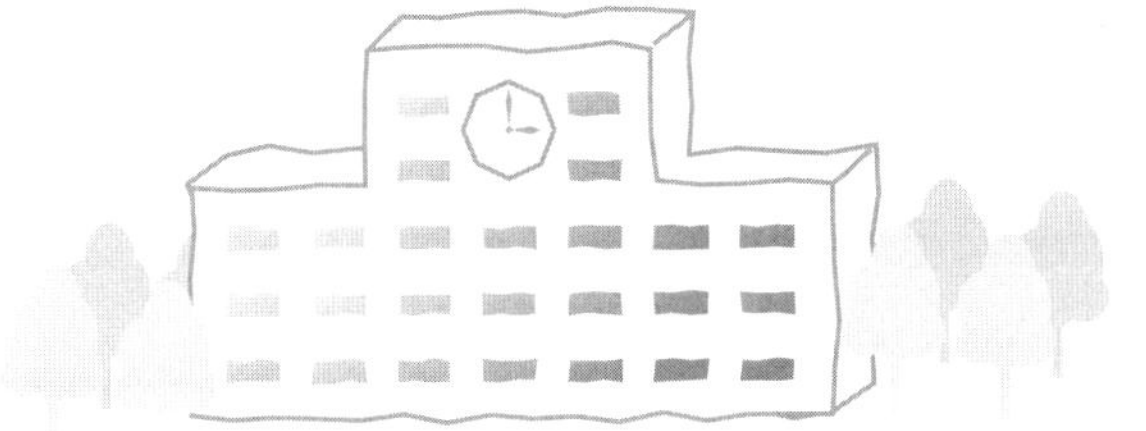

Q23 合格のポイントは？

社会人が大学・大学院をめざす場合、一般入試で受験するよりも社会人入試で受験したほうが、学科試験が軽減あるいは免除されている分だけ有利だ——ということは、前にも述べた通りです。

しかし、いくら有利だとはいっても、社会人入試で受験した人全員が合格するというわけではありません。

現実には、社会人入試で受験しても、落ちている人がいるわけです。

●カギを握る4つの前提条件

では、受かる人と落ちる人の違いは、一体どこにあるのか？　合格のポイントとは、何なのか——。

これについて、社会人入試予備校の老舗ともいえる中央ゼミナール（東京・高円寺）の教務部長兼ステップアップサポート部長である宍戸ふじ江氏は、「まずは次の4項目がクリアできていることが、社会人入試というスタートラインに立つための前提条件だ」といいます。

つまり、この4項目がクリアできていない人は、いくら学科試験が免除された社会人入試といえども、合格することは難しいというわけです。

社会人入試に挑戦する前提条件

①自分が受験しようとしている大学・大学院のレベルが、きちんと把握できているか？
②自分の中で、大学・大学院にいく目的が明確になっているか？
③大学・大学院とはどういうところなのかが、きちんと理解できているか？
④家族や職場の人たちの理解およびバックアップが得られているか？

各項目について、もう少し詳しく説明しましょう。

＊

①自分が受験しようとしている大学・大学院のレベルが、きちんと把握できているか？

なぜ、大学・大学院のレベルをきちんと把握しておくことが重要なのでしょうか。

それは、めざす大学・大学院のレベルによって、受験対策がまるっきり違ってくるからです。

近年、大学・大学院は、「人気のある大学・大学院」と「そうでない大学・大学院」とに分かれるというように、二極化の傾向にあります。そして、人気のある大学・大学院は、社会人入試といえども倍率は高く、試験も難しくなっています。

つまり、そういう人気のある大学・大学院を受験する場合には、いくら社会人入試といっても、やはりそれなりの覚悟や準備をしなければ、合格することは難しいわけです。

ところが、中には「社会人入試だから、早稲田や慶應でも入れるだろう」と、すごく安易に考えている人がいるもので、そういう人は残念ながらほぼ100%の確率で不合格となっています。

したがって、自分が受験しようとしている大学・大学院のレベルをきちんと把握して、それに応じた対策を立てることが重要なのです。

ちなみに、レベルを把握する際の目安となるのは、「過去の社会人入試の倍率」「知名度」「一般入試における偏差値」「取得できる資格」などです。

＊

②自分の中で、大学・大学院にいく目的が明確になっているか?

この2番目の項目が〝基本中の基本〟といっても過言ではありません。

なぜなら、大学・大学院にいく目的が、自分の中で明確になっていなければ、志望理由書や研究計画書が書けないからです。

社会人入試においては、志望理由書や研究計画書が非常に重要で、これがしっかりと書けていないと、それだけではねられてしまう可能性が十分あります。

「大卒という学歴がほしいから」という志望理由を否定するつもりはありませんが、現実にはそれだけの目的では合格は難しいことも事実。したがって、本気で合格したいのであれば、大学・大学院にいく目的を明確にしたうえで、きちんとした志望理由を考えておく必要があるでしょう。

つまり、戦いを挑む前に、己をよく知らなくてはならないのです。

＊

③大学・大学院とはどういうところなのかが、きちんと理解できているか？

3番目の項目も、志望理由を考えるうえで重要な意味をもっています。

大学・大学院がどんなところかがきちんと理解できていなければ、志望理由がピントハズレなものになってしまう可能性が高いからです。

たとえば、大学院というところは、学部で4年間勉強した人たちが、より高度な専門知識を身につけるためにいくところです。

それなのに、「経営のことを一から勉強したいから」という理由で大学院を志望していたのでは、まず合格は無理だということです。

つまり、「己を知り、敵を知れば、百戦危うからず」というわけです。

＊

④家族や職場の人たちの理解およびバックアップが得られているか？

4番目の項目についても、現実的な問題として非常に重要です。

せっかく試験に合格したとしても、学費が準備できなければ、あるいは家族や職場の理解が得られなければ、大学・大学院に通い続けることができなくなるからです。とくに、学費の問題は深刻で、面接でも必ずといっていいほど質問されます。

中には、見切り発車をしてしまう人もいるようですが、これは危険。アテにしていた奨学金がもらえなくなって断念せざるをえなくなったり、会社の理解が得られなくて、上司に推薦状を書いてもらえなかったりというケースが、実際には結構あるようです。

したがって、受験準備に入る前に、まずは自分が大学・大学院に通える環境にあるのかどうかということを、検討してみる必要があるといえます。

Q24 受験勉強期間はどれくらい？

社会人入試の場合は、学科試験が軽減あるいは免除されていますので、受験勉強といっても、高校生のように膨大な時間を費やす必要はありません。

●受験勉強は4月スタートが一般的

それが社会人入試の最大のメリットなわけですが、だからといって、まったく受験勉強をせずに合格できるかというと、100%とはいいませんが、おそらく合格するのは無理でしょう。では、社会人入試で合格した人たちは、何の勉強にどれくらいの時間を費やしたのでしょうか。また、いつ頃から勉強を開始したのでしょうか。

これについての詳細なデータというものはありませんが、一般的には1～2月あたりから情報収集を開始し、4月から勉強をはじめて、11月の本番を迎えるというパターンが多いようです。

予備校の社会人入試対策コースも、だいたい4月開講のところが多く、試験日が一番集中している11月までに、各講座が修了するようなカリキュラムになっています。

ちなみに、11月の試験日までのおおまかなスケジュールは、次のような感じです。

受験勉強の基本スケジュール

①1月〜3月……前出4条件のクリア、志望校選び、予備校選び。
②4月〜10月……英語対策、小論文対策、志望理由書・研究計画書の作成。
③10月……面接対策。
④11月……社会人入試本番。

なお、英語に関しては、文法からやり直さなければいけないという人から、少し勉強すれば合格ラインに到達するような人まで、さまざまなレベルの人がいますので、志望校の過去問を解いてみて、自分のレベルに応じた勉強期間を設定するようにしてください。

英語が苦手な人の中には、1年目は英語の勉強だけに集中し、2年目にその他の受験対策を行なうというように、2年計画で受験する人もいるようです。

Q25 「志望理由書」に備えるには？

志望理由書とは、その名の通り、その大学・大学院を志望する理由を800字～1200字程度の文章にまとめて、事前に提出する書類のことです。

●志望理由書に書くべき4項目

志望理由書は試験会場で書く小論文とは違って、事前に家で書くものなので、じっくりと時間をかけて書くことができますし、誰かに指導してもらうこともできます。

ということは、志望理由書というのはきちんと書けて当たり前の世界であって、逆にここで手を抜いてしまうと、命取りになってしまうケースもあるというわけです。

また、試験科目が少なく、人物本位の選考となる社会人入試においては、この志望理由書が合否判定に与える影響力は非常に大きく、この内容の出来不出来が合否を左右するといっても、決して過言ではないのです。

では、この非常に重要な志望理由書を書くにあたっては、どのような点に注意すればいいのでしょうか。

まず、書くべき内容ですが、基本的には次の４つの要素を盛り込む必要があります。

志望理由書のおもな記述内容

①志望動機……なぜ、大学・大学院に行こうと思ったのか？
②学びたいテーマ……大学・大学院に入って、何を学びたいのか？
③その大学・大学院独自の志望理由……なぜ、その大学・大学院でなければいけないのか？
④卒業後の進路……卒業後、大学・大学院で学んだことを、どのように活かそうと考えているのか？

そして、これらの各項目については、できるだけ具体的に書くようにしてください。

また、論理が一貫していることも大切です。よくあるミスとしては、「大学・大学院で学びたいテーマ」と「卒業後の進路」に一貫性がないというもの。気をつけましょう。

●望ましい文章構成は？

次に、おもな記述内容の各項目ごとの注意点について、簡単に説明しておきたいと思います。

文章の構成に関しては、①～④の順序で書いていくのがいいでしょう。そして、最後に「以上の理由で、貴学の○○学部△△学科を志望する。」という一文で締めればOKです。

＊

①志望動機

これまで何度もいってきたように「学歴が欲しいから」といった安易な目的は、たとえそれが本音であったとしても、ここに書くわけにはいきません。もっと社会人らしい動機が必要です。

たとえば、「○○の仕事を任されたのがきっかけでマーケティングに興味をもつようになった。しかし、マーケティングのことを本当に理解するためには、経営について基礎から体系的に学ぶ必要があると思い、大学進学を決意した」といった感じで、自分の社会人としての体験などとリンクさせるのがいいでしょう。

＊

②学びたいテーマ

できるだけ、具体的に書くことがポイントです。

たとえば、経営であれば、とくに「マーケティング」を学びたいとか、心理学であれば「色彩心理学」に興味があるといったように、できるだけ分野を絞り込んだほうがいいでしょう。

漠然としたテーマよりも具体的なテーマをあげたほうが好印象ですし、興味や関心の高さがうかがえるからです。

＊

③その大学・大学院独自の志望理由

「どれだけ説得力のある理由があげられるか」がポイント。もしかすると、「学費が安いから」「通学に便利だから」といったことが本音かもしれませんが、それらを理由にあげるのはダブー。

できれば、「その大学・大学院が売りにしていること」や「その大学・大学院ならではの特徴」などと絡めた理由付けができるといいでしょう。

たとえば、「自分の学びたいテーマの講義が充実しているから」とか、「〇〇な教育方針に魅力を感じたから」といった感じです。

この理由付けを考えるには、大学案内やＨＰなどを熟読したり、卒業生に話を聞いたり、実際に大学を訪問したり、学校説明会などで担当者の話を聞いたりして、できるだけ多くの情報を集める必要があります。

そして、その中から「自分が魅力を感じたこと」に加えて、「もし自分がその大学・大学院の人間であれば、どこをほめられると一番ウレシイと思うか」という視点も考慮しながら、理由付けを考えるといいでしょう。

④卒業後の進路

「実現できるかどうか」はわからなくても構いませんので、必ず大学・大学院で学んだことが最大限活かされる進路を、できるだけ具体的に書くようにしてください。

せっかく心理学を学んだのに、それとはまったく関係のない方面に進む予定が書いてあれば、何のために大学・大学院にくるのか疑われても仕方ありませんので、そういうミスのないようくれぐれも注意しましょう。

＊

●上達のための4ステップ

最後に、志望理由書がうまく書けるようになるための4つのステップを紹介しておきます。

この4つのステップをすべてやれば、おそらく志望理由書についてはきちんとしたものができあがるはずです。

志望理由書を書く4ステップ

①とにかく実際に何度も書いてみる。

文章は書けば書くほど、うまくなります。

②書いたものを自分で声に出して読んでみる。

書いているときには気づかなかった「てにをは」の間違いや、主語と述語の非対応などが発見できるはずです。

③書いたものを第三者に読んでもらう。

家族の誰かでも構いませんし、会社の上司や同僚でもいいですから、とにかく第三者に読んでもらって、「内容が理解できるかどうか」「いいたいことが伝わっているかどうか」をチェックしてもらいましょう。

④予備校などで専門家の指導を受ける。

どの予備校でもだいたい、「志望理由書の書き方」の講座がありますし、添削もしてくれます。

郵便はがき

料金受取人払

神田局承認

7409

差出有効期間
平成16年7月
14日まで

101-8796

011

(受取人)
東京都千代田区
神田神保町1—41

同文舘出版株式会社
愛読者係行

毎度ご愛読をいただき厚く御礼申し上げます。
本カードを出版企画等の資料にさせていただきますので，
ご意見，ご希望などをお聞かせ下さい。
図書目録希望　　有　　無

<table>
<tr><td>フリガナ
お名前</td><td></td><td>性　別
男・女</td><td>年　齢
才</td></tr>
<tr><td>ご住所</td><td colspan="3">〒
TEL　　（　　）　　Eメール</td></tr>
<tr><td>ご職業</td><td colspan="3">1.会社員　2.団体職員　3.公務員　4.自営　5.自由業　6.教師　7.学生
8.主婦　9.その他(　　　　)</td></tr>
<tr><td>勤務先分類</td><td colspan="3">1.建設　2.製造　3.小売　4.銀行・各種金融　5.証券　6.保険　7.不動産　8.運輸・倉庫
9.情報・通信　10.サービス　11.官公庁　12.農林水産　13.その他(　　　　)</td></tr>
<tr><td>職　種</td><td colspan="3">1.労務　2.人事　3.庶務　4.秘書　5.経理　6.調査　7.企画　8.技術
9.生産管理　10.製造　11.宣伝　12.営業販売　13.その他(　　　　)</td></tr>
</table>

愛読者カード

書名

◆ お買上げいただいた日　　　　年　　月　　日頃
◆ お買上げいただいた書店名　（　　　　　　　　　　　）
◆ よく読まれる新聞・雑誌　（　　　　　　　　　　　）
◆ 本書をなにでお知りになりましたか。
1．新聞・雑誌の広告・書評で　（紙・誌名　　　　　　　）
2．書店で見て　3．会社・学校のテキスト　4．人のすすめで
5．図書目録を見て　6．その他（　　　　　　　　　　）

◆ 本書に対するご意見

◆ ご感想

●内容	良い	普通	不満	その他(　　　　)
●価格	安い	普通	高い	その他(　　　　)
●装丁	良い	普通	悪い	その他(　　　　)

◆ どんなテーマの出版をご希望ですか

注文書

直接小社にご注文の方はこのはがきでお申し込みください。ただし、送料がかかります（冊数にかかわらず210円）。書籍代金および送料は商品到着時に宅配業者（クロネコヤマト）へお支払いください。到着までに1週間ほどかかります。

書　籍　名	冊　数

Q26 「研究計画書」に備えるには？

研究計画書というのは、大学院を受験する場合にのみ必要となるもので、「大学院でどのような研究がしたいのか」を1200～2000字程度でまとめて、事前に提出する書類のことです。

●研究計画書に書くべき4項目

この研究計画書は、先ほどの志望理由書にも増して重要といえる書類で、大学院の場合はこの出来いかんが合否の分かれ目になるといっても、決して過言ではありません。

したがって、先ほどの志望理由書以上に、じっくりと時間をかけて、完成度の高いものに仕上げておく必要があります。

そのためには、どんなことに注意すればいいのでしょうか？　簡単に説明しておきましょう。

まず、盛り込むべき内容ですが、これはだいたい次の4つです。

研究計画書のおもな記述内容

①研究テーマ……どんな研究がしたいのか？
②動機……なぜ、その研究をしたいと思うようになったのか？
③研究目的……その研究をすることによって、何が明らかになり、何に役立つのか？
④研究計画……どのようなスケジュールおよび方法で、研究を進めていこうと考えているのか？

続いて各項目について、詳しく解説していきます。

なお、きちんとした研究計画書が書けるようになるためには、なかなか独学では難しいところがありますので、できれば予備校などで専門家の指導を受けるようにしたほうがいいでしょう。

＊

①研究テーマ

この研究テーマの設定は、4つの項目の中でもとくに重要であり、かつ十分な時間を費やすべきです。ここでつまずいてしまうと、すべてがパーになってしまうこともあるからです。

では、研究テーマを決める際は、どんなことに注意すべきなのでしょうか。

まずひとつは、「自分の関心事を研究テーマにする」ことです。これは当然のことなのですが、あえて書いたのは、中には研究計画書のために研究テーマを設定する人がいるからです。これでは本末転倒ですし、面接でボロが出てしまう可能性大です。

二つ目は、「その研究テーマの先行研究がどれくらい進んでいて、現状はどうなっているのか」ということを、きちんと調べること。その結果、すでに研究し尽くされているようであれば、研究テーマにしても意味がないので、見直すべきでしょう。

三つ目は、あまりテーマを大きくしすぎないこと。たとえば、「日本とヨーロッパの比較」というのは、いくらなんでも大きすぎ。日英比較、日独比較のように、二国間比較くらいにとどめておくのが無難といえます。

また、逆に小さすぎるテーマもダメ。教授が指導できないという理由で、断られてしまうからです。

つまり、研究テーマを決める際には、以上の3点に注意するようにしなくてはなりません。

＊

②動機

これについては、「どれだけ社会人としての体験と絡められるか」がポイントです。そのほうがリアリティがありますし、アピール度も全然違うからです。

たとえば、「仕事をする中で、こういう壁にぶつかってしまった。その壁を乗り越えるには、こういう研究をする必要があるので、大学院進学を決意した」といった感じです。

＊

③研究目的

これに関しては、「その研究によって何が明らかになり、自分の仕事にどのように役に立つのか」を具体的に書く必要があります。

さらに、これに社会貢献の視点をプラスすることも忘れずに。その研究が社会にとって、どのように役立つのかということも書くようにしたいものです。

＊

④研究計画

これについては、「1年目の前期と後期、2年目の前期と後期」といった具合に、半年単位くらいで予定を立てるのが一般的です。

そして、たとえば「1年目の後期には、1000社の企業を対象にアンケート調査を実施して、そのデータを分析する」といった具合に、できるだけ具体的に書くのが望ましいといえます。

Q27 「小論文」に備えるには？

社会人入試においては、大学・大学院ともに「小論文」は必須科目です。したがって、しっかりとした対策を講じておく必要があります。

●文章作法の再確認を！

ところが、受験生の中には、「内容の問題以前に、基本的な文章作法ができていない人が非常に多い」と、前出の中央ゼミナール・宍戸ふじ江部長はいいます。

そこで、まずは小論文を書くうえで基本となる文章作法のポイントについて、いくつか紹介しておくことにします。

文章作法の基本

①書き出しと段落の最初は1マス開ける。

②句読点やカギカッコなども、原則として1マス使う……ただし、行頭に句読点やとじカッコ

が来てしまうときは、文末のマスの中に文字と一緒に入れる。また、思考点（「……」）やダッシュ（「——」）は2マス分使う。
③縦書きの場合は漢数字、横書きの場合は算用数字を使用する。
④できるだけ漢字で書く。
⑤楷書体で書く……略字、崩し字は使わない。
⑥字数制限を守る。
⑦論文用の文章構成にする。

この中で、とくに注意が必要なのは、⑦の論文用の文章構成です。論文には、作文とは違って、ある程度決まった書き方というものがあります。

代表的なのは、「序論・本論・結論」の3部構成です。まず、序論で〝問題提起〟をし、本論で自説の〝根拠や背景〟を説明したり、反対説を批判したりして、最後に結論で自分がその問題に対して「イエスか、ノーか」を示すというパターンです。

このような基本的な文章作法が身についていない人は、まずは小論文の参考書を読むなどして、文章作法を身につけることからはじめましょう。

●評価のポイントは？

基本的な文章作法を身につけ、なんとか形が整うようになったら、次は中身です。

まず、「出題されるテーマ」ですが、これについては大学と大学院とでは異なります。

＊

①大学の場合

ごく一部の難関校を除けば、専攻分野の専門性が問われるようなテーマが出題されることはありません。

むしろ、誰でも知っているような時事問題をテーマに設定し、それに対する知識や見解を問うというパターンが多くなっています。

そのほかにも、「志望動機を問うようなテーマ」や「人生論や教養・学識を問うテーマ」を設定をしているところもあります。

＊

②大学院の場合

専攻分野に関連したテーマが出題されるケースがほとんどで、しかも専攻分野に関する深い知識がなければ書けないようなテーマ設定が多いのが特徴です。

次に、実際に書くときの注意点が2つあります。

ひとつは、「一貫した論理展開になるよう十分配慮をする」ことです。往々にして、「前半でいっていること」と「後半でいっていること」が矛盾していることがありますから、注意しましょう。

二つ目は、「評価ポイントを意識した内容にする」ことです。これについては、社会系・人文系・自然科学系によって多少異なっています。

たとえば、テーマが「失業率について」というものだったとします。

社会系の場合は、「失業率の問題についてどの程度の背景知識をもっているのか」が一番問われるところとなります。したがって、その点に力を入れて書く必要があります。

これに対し、人文系で重視されるのは、背景知識よりもオリジナリティ。つまり、「自分なりの視点をもっているかどうか」が問われますので、その点を十分に意識して書く必要があるというわけです。

一方、自然科学系に関しては、「社会貢献の視点をもっているかどうか」が問われます。つまり、その研究を行なうことが、人間の生活にどのように役立つのかという視点です。

この視点がないと、単なる独りよがりの研究になってしまいますので、自然科学系を志している人は、日頃からこのような視点で物事を考えるクセをつけておくといいでしょう。

●小論文をうまく書くには？

小論文がうまく書けるようになるためには、インプットとアウトプットの両面での対策が必要となります。

＊

①インプット対策

まず、インプットに関しては、毎日、新聞を読むことです。とくに、社説は必読。社説を読みながら、次のようなことも同時に考えるようにしましょう。

社説を読む際のポイント

①その問題に対する新聞社の立場は？
②その問題について、自分は賛成か反対か？
③その理由は？

また、小論文用の参考書などを使って勉強する場合は、「こういうテーマの場合は、このように書きなさい」といったマニュアル的なものはダメ。

そうではなくて、たとえば国際化というテーマであれば、国際化に関する基礎知識が書いてあって、さらに、「こういう問題意識で書くとおもしろい」といった、ヒントがたくさん載っているような参考書を選ぶようにしましょう。

さらに、「題材ノートをつくる」という方法も、小論文対策としては効果的です。

題材ノートとは、1冊のノートをいくつかのテーマに分類して、そこに関連する新聞・雑誌の切り抜きや、自分の体験談、人から聞いた話などを貼ったり、書いたりしたものです。

そして、このノートをつくるだけでなく、日頃から見直すようにしておくと、小論文の実力は確実にアップすることでしょう。

大学院をめざしている人は、これらの対策に加えて、専門分野に関連した書籍や論文を読んでおくことが必要になります。

＊

②アウトプット対策

アウトプットに関しては、とにかく書いてみることです。そして、書いたものは、必ず第三者に見てもらいましょう。できれば、その第三者は専門家がオススメ。

とくに、大学院の小論文の場合は、専門的な論点を問われることが多く、「その論点が把握できているかどうか」が合否のポイントとなることもありますので、できるだけ専門家の指導を受けるようにしましょう。

Q28 「英語」に備えるには？

社会人入試の場合、試験科目に英語があるところでも、そのほとんどが「辞書持ち込み可」となっていることから、「そんなに勉強しなくても、なんとかなるのではないか」と、安易に考えている人も少なからずいるようです。

しかし、これは大きな間違いです。

●語彙力があれば大丈夫？

「辞書持ち込み可」だからといって、本番中にわからない単語をいちいち辞書で調べていたのでは、いくら時間があっても足りません。

したがって、本番中に辞書を引くのは、せいぜい2〜3回ですむくらいの単語力・熟語力を身につけておくことが、まずは英語対策の基本といえるでしょう。

大学院を受験する場合は、基本的な英単語に加えて、専門分野の英単語も必ずチェックして覚えておく必要があります。また、英文を読むうえで必要不可欠な文法についても、忘れてしまっている人は復習しておきましょう。

試験問題のレベルについては、大学・大学院によってさまざまですが、一般的にはその大学・大学院の一般入試の問題よりも、少しやさしい程度のレベルだと考えていいと思います。

出題形式は長文問題が2〜3問というのが基本的なパターンで、文法問題や発音・アクセント問題のような記憶力を問う問題はほとんど出ないのが社会人入試の特徴です。

さらに、長文問題の形式も、一般入試のように、いくつかの選択肢の中から答を選択する形式ではなく、下線部分を訳させたり、長文全体を要約させたりというような形式が多くなっています。

したがって、対策としては、英文の読解力を高めておくと同時に、日本語の文章力・表現力も高める努力をしておく必要があるといえるでしょう。

英語が読めても、うまく日本語に訳せなければ、意味がないからです。

そのためには、自分が訳した文章を、誰かに添削してもらうのが一番。身近に適任者がいなければ、添削してくれる予備校を利用するのもいいでしょう。

また、大学院の場合は、長文の内容がかなり専門的になってきますので、英語を日本語に訳すことはできるけれども、その内容が理解できないというケースもあります。

したがって、大学院の英語対策として予備校に通う場合は、英語担当の講師が指導しているところではなく、各分野の専門の講師が英語も指導しているところを選ぶのが賢明といえます。

Q29 「面接」に備えるには？

社会人入試の面接で、必ずといっていいほど聞かれる項目があります。

●面接でよく聞かれる6つの項目

それは、次の6項目です。

面接前に回答を考えておいたほうがいいこと

①なぜ大学・大学院にいこうと思ったのか？
②なぜ当大学・大学院なのか？
③入学後、どんな勉強がしたいのか？
④卒業後の進路計画は？
⑤家族や職場の理解は得られているか？
⑥学費は準備できるのか？

このうち①〜④までは、志望理由書や研究計画書に書いた内容ですので、すでに回答は用意できているはずです。面接に備えて控えのコピーも取ってあることと思います。

ただし、それらの書類はあくまで書き言葉で書かれたものですので、まずはそれらを話し言葉に直し、各項目ごとに文章化しておく作業が必要となります。

また、実際の面接では、「志望理由書や研究計画書に書いたことをそのまま答えればすむ」ような質問は、ほとんどされません。

たとえば、「ここにはこう書かれていますが、これはどういう意味ですか?」「具体的にはどういうことですか?」といったように、言葉足らずになっているところの補足説明を求める質問が多く見受けられるのが実情です。

したがって、志望理由書や研究計画書には書ききれなかった事柄についても、きちんと説明できるようにしておくことが大切でしょう。

⑤と⑥の項目については、「4年間ないし2年間、きちんと通い続けられるのか?」ということが問われていますので、「両方とも、大丈夫である」ということを強調する必要があります。

その場合、当然のことながら根拠を示さなければいけませんので、よく考えておきましょう。

●面接での注意点は？

次に、実際の面接の場で注意すべきポイントを、いくつかあげておきたいと思います。

実際の面接での注意点

①謙虚な姿勢を忘れないこと。
②きちんと言葉のキャッチボールをする。
③状況判断をきちんとする。

では、それぞれについて詳しく解説していきます。

＊

①謙虚な姿勢を忘れない。

社会人が面接でよくやりがちなミスのひとつに、自分の知識や経歴をひけらかしすぎてしまうというものがあります。

自分をアピールしようとするあまりに、「自分はこれだけ知っている」「管理職としてこれだけの実績を残してきた」などと、ついつい自慢話をしてしまうわけです。

確かに、面接では自分をアピールすることは大事ですが、これでは逆効果――。

「そんなに知っているのなら、わざわざ大学・大学院にくる必要はないじゃないか」ということになり、面接官の反感を買ってしまうからです。反感を買わないまでも、「扱いにくいのではないか」「周りとうまくやっていけないのではないか」と判断され、落とされてしまう可能性が高いといえるでしょう。

本来、面接でアピールすべきは、「大学・大学院での勉強や研究に対する熱意・意欲」であって、自分の知識や経歴ではありません。まずはその点をよくわきまえ、面接では謙虚な姿勢を保つよう心掛けましょう。当然のことながら、面接官と口論することなど、もってのほかです。

＊

②きちんと言葉のキャッチボールをする。

よく人が話しているのを遮ってまで話そうとする人がいますが、面接においてはこうした行動はタブー。必ず、面接官の質問が終わってから答えはじめるようにしてください。

また、質問には的確に答えること。ピントはずれな答をしたり、聞かれてもいないことを答えたりすることがないよう、くれぐれも注意しましょう。

＊

③状況判断をきちんとする。

これができていない典型例が、「集団面接なのに、ひとりだけ延々と話す人」です。

いくら自分をアピールしたいからといって、面接官が嫌な顔をしているのも気づかずに話し続けていては、状況判断ができない人と見られてしまいます。緊張したり、余裕がなくなったりすると、状況判断能力が鈍りがちになりますので、十分注意しましょう。

●模擬面接は受けたほうがいい？

面接の上達法としては、やはり予備校などが行なっている「模擬面接」を受けるのが一番でしょう。

何事もぶっつけ本番でやるよりは、本番さながらのリハーサルをしておいたほうが、うまくいくものだからです。

また、受け答えの仕方や答の内容について、専門家のアドバイスを受けられるのも、模擬面接のいいところといえます。

自分ひとりで練習する場合は、必ず実際に声に出してみること。できれば、その姿をビデオに撮っておいて、あとから自分でチェックしてみましょう。

自分では気づかなかった変なクセなどが発見できたりして、きっと上達するはずです。

Q30 予備校を利用すべき？

社会人入試を受けるに当たって、「予備校を利用すべきかどうか」ということについては、受験する大学・大学院の難易度や英語の試験の有無などによって違ってきますので、一概にはいえません。

ただ、社会人入試だからといって安易に考えていたのでは、思わぬところで足下をすくわれる結果になりかねないことも確かです。

したがって、「予備校にいく、いかない」は別にしても、きちんとした対策だけは講じておくべきでしょう。

●効率よく勉強できる？

今回取材した人たちの中には、「社会人入試のための予備校があるということすら知らなかった」という人も何人かいました。ですが、個人的な意見としては、できることなら予備校に通うことをオススメします。

なぜなら、独学でやみくもに勉強するよりも、専門家の指導のもとに的を絞って勉強したほうがはるかに効率がいいからです。

また、社会人入試に関するさまざまな情報がそろっている点も、予備校の魅力といえます。

ただ、予備校に通うにしても、志望理由書の書き方から模擬面接まで、すべてのコースを受講する必要はありません。英語だけとか、小論文だけといったように、自分が苦手としている科目だけで十分でしょう。

●予備校選びのチェックポイント

次に、予備校の選び方ですが、チェックすべきポイントは、だいたい次の4点です。

なお、各予備校が発表している合格実績を、あまりに重視しすぎるのは危険です。中には、模擬試験を受けにきただけの人も、合格者数に入れている予備校もあるようですので、あくまで参考程度にとどめておきましょう。

予備校選びのチェックポイント

①小論文や英語の添削はしてくれるか？
②どの程度、個別に対応してくれるか？
③情報提供量はどの程度あるか？

④通学などの利便性はどうか？

では、それぞれについて詳しく解説していきます。

＊

①小論文や英語の添削はしてくれるか？

小論文に添削指導が必要なのは当然です。問題は、「英語にも添削が必要かどうか」ということですが、これについては前述したように、社会人入試の英語は長文の読解力と同時に日本語の文章力・表現力が問われていますので、日本語訳の添削指導を受けられたほうがいいといえるでしょう。

さらに、大学院コースの場合は、「誰が英語を教えているのか」という点も要チェックです。大学院入試の英語は、内容がかなり専門的になっていますので、専門分野に精通した講師でないと、誤訳だらけになってしまうからです。

＊

②どの程度、個別に対応してくれるか？

「志望理由書や研究計画書の書き方について、個別指導はしてもらえるのか」「模擬面接など、面接の個別指導はあるのか」「いろんなことについて、個別に相談にのってもらえるのか」とい

◎社会人入試コースがあるおもな予備校一覧

学校名	特徴・URL
青山ＩＧＣ学院	東京・青山にある、大学院の社会人入試をめざす人のための専門予備校。代々木ゼミナールの全国主要都市9校舎でも、「小論文講座」を開催。通信添削講座あり。 http://www.aoyama-igc.co.jp/
ＥＣＣ編入学院	京都、大阪、神戸、名古屋、福岡にある計6校で、編入学のほか、大学・大学院の社会人入試のための講座を開催。通信添削講座あり。 http://www.ecc-trans.com/mc_user/index.html
河合塾ライセンススクール	東京、横浜、名古屋、京都などで、各種資格取得のための講座のほか、大学院入試・大学編入向けの講座も開催。通信講座あり。 http://www.kals.jp/kals/
社会人入試のＮＥＴ通信講座「書研塾」	社会人入試に向けた「小論文講座」や「志望理由書講座」などをNET上のみで提供する。無料情報メールマガジンを発行している。 http://www.sho-ken.com/
清光編入学院	大阪にて、大学院・学部編入学・社会人大学のための講座を開催。 http://www.seiko-lab.com/
Ｚ会のWeb通信講座	大学生・社会人のためのキャリア開発コースを、通信講座にて提供。 http://www.zkai.co.jp/zym/
中央ゼミナールステップアップサポート部	東京で、編入・転部、社会人入試などのための講座を開催。通信コースあり。 http://www.chuo-seminar.ac.jp/sus/sus1.html
日本編入学院	東京、名古屋、大阪などにある計5校で、編入学・大学院受験・社会人入試のための講座を開催。オーダーメード形式の通信講座あり。 http://www.hennyu-japan.com
四谷ゼミナール	東京で、大学や大検の受験指導のほか、大学院入試・転部・編入・社会人入試対策の講座も行なう。 http://www.yotsuya-seminar.com/
Wセミナー	東京、大阪、名古屋などに計16校で、各種資格取得のための講座を開く資格学校。大学院入試・大学編入・転部の講座も開講している。通信校もある。 http://www.w-seminar.co.jp/
早稲田ゼミナール	東京・高田馬場にある大学受験予備校。編入・転部・社会人入試コースも設けている。 http://www.wasedazemi.ac.jp/

った点を必ず確認するようにしましょう。

＊

③情報提供量はどの程度あるか？

「具体的にどんな情報がどれだけあって、どのような方法で入手しているのか」といった点がチェックポイントです。

中でも、受験生にしかわからない生の情報、たとえば「面接ではどんなことを聞かれたのか」といった情報を、豊富にもっている予備校がいいといえます。

＊

④通学などの利便性はどうか？

「通学しやすい場所にあるかどうか」ということのほかに、「授業の時間帯や曜日などが、仕事をもつ社会人に配慮されたものになっているかどうか」も重要なチェックポイントです。

インタビュー2◆法政大学大学院ビジネススクール、田中洋教授に聞いた――

「現役バリバリのビジネスマンにこそ、学びにきてほしい」

大学院側としてはどのような社会人にきてほしいと思っているのか――。また、仕事と勉強との両立は可能なのか――。

このような疑問について、法政大学経営学部・大学院ビジネススクールの田中洋教授に聞いてみました。

●合否の決め手は？

――どのような人が社会人大学院に学びにきているのでしょうか？

年齢的には30代・40代の人が多く、意識的には何らかの形で勉強の必要性を感じている人たちが多いですね。

もちろん、20代の人もいますが、数としてはそれほど多くはありません。20代だと、まだ社会人としての経験が浅いために、仕事や生き方というものに対して、それほど問題意識をもっているわけではないからでしょう。

私の見ている限りでは、やはり入社して10年以上が経過し、問題意識もそれなりにもって大学院に勉強しにきている人たちが、一番学んだことが実になっているような気がします。

ですから、「リタイアしてから大学・大学院にいって勉強し直す」という選択肢もあるとは思いますが、ことビジネススクールに関しては、できれば第一線でバリバリと活躍している30代・40代のビジネスマンの方々に、これからもどんどん学びにきてほしいと思います。

＊

――大学院に学びにやってくる社会人の意識に、昔と今とでは何か変化はありますか？

最近のひとつの傾向としては、「バブルのころに何の苦労もなく入社したのはいいけれど、今になって勉強の必要性を痛感している」という人が増えているようです。

＊

――これからの雇用環境を考えた場合、どのような社会人が大学院で学ぶ必要があると思われますか？

「自分のキャリアをアップさせたい」とか、「もっとスキルを磨きたい」といったように、自分自身で勉強の必要性を感じている人は、大学院にきて学んだほうがいいと思います。

とくにマーケティング・コースでは、すでにマーケティングや営業の業務に携わっているベテランの方が、「自分のマーケティング知識を体系的に整理し、理論化したい」という動機で学びにくるケースのほかに、金融関係の方が「マーケティングという考え方が会社にまったくないので、会社にマーケティングを導入したいから」という動機でくるケースもあり、両極端な動機も目につきます。

＊

――受験の動機が社会人入試の合否の基準と考えていいのでしょうか？

それがすべてではありませんが、この「勉強の必要性」をいかに真剣に考えているかということは、〃社会人入試の合否を決める重要な基準〃のひとつになっていることは確かです。

そして、その真剣さを見るのが「研究計画書」であり、「面接」であるということになるのですが、最近は受験予備校などの指導もあって、すごく立派な研究計画書を書いてくる人がたくさん出てくるようになりました。

しかし、実際に会って話をしてみると、立派な研究計画書とは裏腹に、自分の仕事への問題意識がまったく伝わってこない人が少なからずいます。

単に用語や理論が並べられているだけではダメで、「自分なりに会社の仕事を深く考えて悩んだ跡を見せてほしい」と希望しています。
やはり大切なのは、学びたいという意欲と深い問題意識だと思います。

●もっとも大切なことは？

――社会人が学ぶ場所というのはいろいろあると思いますが、その中でも「大学院ならではのよさ」というのは、何だとお考えですか？

やはり何といっても、修士号や博士号といった学位をめざして、先生と〝フェイス・ツー・フェイス〟で勉強することの緊張感と真剣味だと思います。

このような目的意識に裏づけられた緊張感や真剣味は、少人数クラスの大学院ならではの魅力であって、通信教育や何とかスクールでは決して味わうことができないものだと思います。

＊

――一般の学生と社会人学生との間に、何か違いはありますか？

一番大きな違いは、真剣さ・貪欲さ。社会人学生のほうが何かにつけて真剣であり、貪欲であるということです。

この違いはカネの出所の違いによるもので、一般学生の多くは親のカネで勉強しているのに対し、社会人学生の多くは自分のカネで勉強しにきています。

やはり自分への投資と考えると、人間は真剣になるものです。したがって、皆さんも大学院に限らず、どこかで勉強しようと思ったら、自分でカネを出して勉強するようにしたほうがいいと思います。

＊

――社会人学生を見ていて、働きながら学ぶことは大変そうですか？


授業に出席するだけでなく、その下準備として膨大な課題が与えられたりしますので、大変なことは間違いありません。しかし、大変なことそのものに、私は意義があると思っています。

というのは、自分を極限まで追いつめてみることによって、自分の体力および気力の限界点を知ることができるからです。

自分の限界点を知っておくことは、すごく重要です。なぜかというと、たとえば自分は睡眠時間3時間を3日続けると限界だということがわかっていれば、その限界点に達するまでは、自分は頑張れるんだという自信につながるからです。

＊

――仕事と勉強を両立させる一番のポイントは、何だとお考えですか？

「いかにして自分の時間とエネルギーを管理できる」かでしょう。

じつをいうと、このような「タイム・マネジメント」（時間管理）のやり方を学ぶことも勉強の一部で、2年間の修士課程を修了した人は、ほとんどといっていいほど、以前に比べてタイム・マネジメントがうまくなっています。

要するに、「時間を効率よく使うことができるようになった」というわけです。

私たちのビジネススクールにきている方でヒマな方というのは、ほとんどいません。たとえば、あるテレビ局のアナウンサーの方で朝の帯番組を担当している人がいます。その方などは毎朝5時起きで仕事をして、夜中まで勉強でがんばっているわけです。

また、新横浜や日立・沼津などの遠方にある事業所から、わざわざ市ヶ谷まで夜通っている人もいます。

つまりは、距離も勤務状態もやる気さえあれば乗り越えられる、ということではないでしょうか。

このようなタイム・マネジメントのやり方を、30代の早い段階で身につけておくことは、仕事に限らず、将来いろんなことに役立つはずです。

＊

——中には途中で挫折する人もいると思うのですが、そういう人はどのような理由で挫折

するケースが多いですか?

挫折するとすれば、「タイム・マネジメントがうまくできないために、仕事と勉強の両立が困難になってしまう」というケースです。

しかし、そうしたケースはむしろ稀で、たいていの人は挫折せずに最後までやりとげています。

●苦労の大きさと達成感は正比例する

――ビジネススクールで学ぶことのメリットとしては、どのようなものがありますか?

MBAを取ったからといって、急に明日から仕事ができるようになるわけではありません。

やはり、ビジネススクールの成果というのは、10年くらいのスパンで考えなければいけないと思いますし、長期的に見れば、必ず成果は現われてきます。それは自分の考え方を理論化し、人に説得的に語ることができるようになるからです。

実際、修了生たちの多くは、「自分の考え方を論理的に整理して、人に説得的に話すことができるようになった」とか、「自分がマネージャーになってから、学んだことが生きてきた」といったことを、メリットとしてあげています。

また、スクールでつくられた人的ネットワークも、大きな財産といえるでしょう。中にはビジネスに結びつくケースもあるようですが、それよりも「30歳をすぎてから、利害関係抜きでつきあえる友人ができる」ということのほうが、私は大きな魅力ではないかと思います。

そのほかにも、実利的なメリットとしては、給与がアップしたり、昇進したりといったこともあるようです。うちのMBA修了生に対するアンケート調査の結果でも、「入学前と修了後を比較すると、少なからず給料がアップしている」という事実があります。

＊

――近年、いろんなビジネススクールができていますが、どういう基準で選ぶのがいいでしょうか？

これは私の個人的な意見ですが、やはり「修士論文を書くことが修了の条件になっている」ところを選んだほうがいいと思います。

確かに、修士論文を書き上げることは、すごく大変なことです。だから、「修士論文を書かなくても修士号がもらえるのなら、そちらのほうがラクでいい」という考え方もあるでしょう。

しかし、修士論文を書けば、それが成果として残りますので、そのことによって得られる達成感や満足感というのは、非常に大きなものがあります。また、修士論文を書くこと自体が勉強にもなりますし、書き上げたことは大きな自信につながるでしょう。つまり、苦労の大きさと、達成感や満足感・自信といったものは、正比例するというわけです。

ですから、せっかくビジネススクールにいくのであれば、できるだけ苦労をしたほうが、それだけ得るものも大きいのでいいのではないかと、私は思います。

＊

――最後に、大学・大学院へいこうかどうしようか迷っている社会人に、何かアドバイスやメッセージがあればお聞かせください。

よく「大学・大学院にいきたいんだけど、いまは忙しいからいけない」といっている人がいますが、そういう人は永遠にいくことはできないでしょう。

いきたいと思ったら、あれこれ迷わずに行動することが大切だと思います。

「仕事と勉強の両立は可能だろうか?」などと悩むだけ、時間の無駄というもの。やる気さえあれば、そんなことは何とでもなるものなのです。

思い立ったが吉日――。あとは、行動あるのみです。

4章

卒業・修了後の活かし方

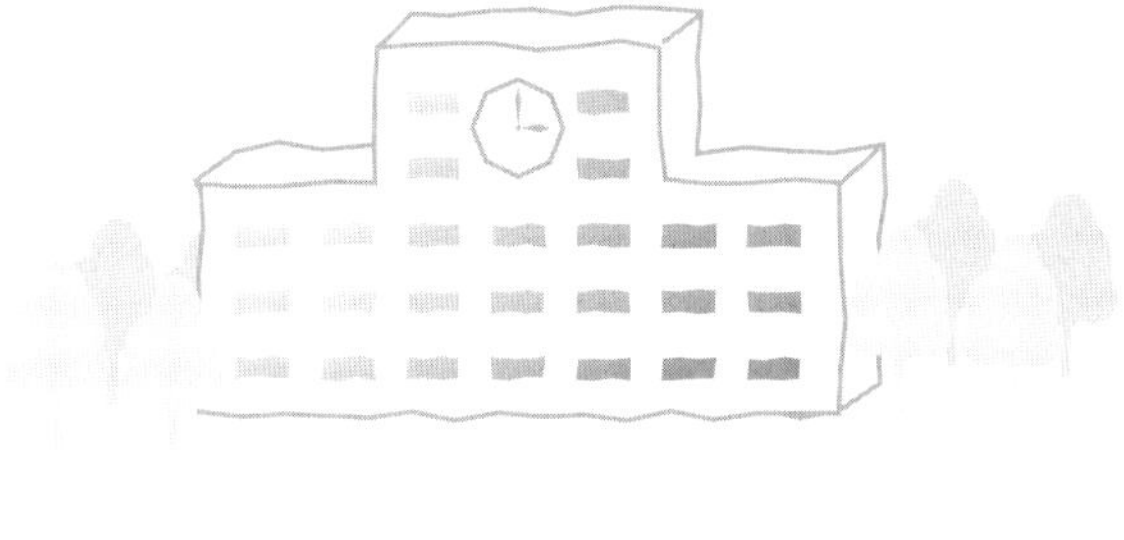

31 転職・再就職する

社会人入試制度を利用したほうが、一般入試で受験するよりも大学・大学院に入りやすいということは、何度も述べたとおりです。

しかし、いくら入りやすいからといって、「大学・大学院に入学すれば、それで万事ＯＫ」かというと、決してそんなことはありません。

なぜなら、仕事をもつ社会人にとっては、大学・大学院に入学してからのほうが、仕事と勉強との両立で大変な思いをすることになるからです。

また、社会人にとっては、「大学・大学院を卒業・修了したあと、そこで学んだ専門知識や、大卒・院卒というキャリアを、どのように活かしていくか」も重要な課題です。

高校生・大学生が大学・大学院に進学するのと違って、社会人が忙しい時間を割いて勉強しにいくわけですから、そこで学んだ専門知識やキャリアを活かさなければ、何のために大学・大学院にいったのかがわからなくなるからです。

そこで本章では、「卒業・修了後の知識・キャリアの活かし方」について、いくつかのパターンを紹介しておくことにします。

●院卒の肩書きは、転職に有利？

まず一つ目の活かし方は、「大学・大学院で身につけた専門知識や、大卒・院卒というキャリアを武器に、今よりも条件のいい会社に転職あるいは再就職する」というパターンです。

おそらく、ビジネスマンの場合には、このような活かし方をしている人や、しようと考えている人が一番多いのではないかと思います。

ただし、注意しておかなければいけないのは、「誰でも大学・大学院を出れば、今よりも条件のいい会社に転職できるわけではない」ということです。

確かに、これまで最終学歴が高卒だった人が、大卒になれば、これまで学歴がネックになって就職できなかった会社に就職できるチャンスが出てきます。

会社は履歴書に大卒と書いてあれば、入学の経緯はどうであれ、大卒として扱ってくれるからです。

しかし、それはあくまで「チャンスが得られた」というだけのことであって、決して「条件のいい会社への転職が保証された」わけではありません。

また、今の時代、転職市場には大卒の肩書きをもった人材があふれていますので、「大卒の肩書きを手に入れただけでは、なかなか優位には立てない」ことも事実です。

とはいえ、これまで高卒の人は、大卒の人と同じ土俵で戦うことすらできなかったわけですから、そういう意味では、大卒の肩書きを手に入れることは、〝人生の乗り換えキップ〟を手に入れるためのファーストステップだといえるでしょう。

これに対して、大学院を出た場合は、少し事情が異なります。というのは、大卒に比べると、その数は圧倒的に少ないので、転職市場においては、やはり〝稀少性〟という点で相当優位に立てるからです。

中でも文化系の院卒者は、まだまだ数が少ないため、稀少価値が相当高く、文化系の院卒者の中には、転職に成功した人が数多く存在しています。

青山学院大学大学院でMBAを取得したことによって、富士ゼロックス株式会社から、世界4大会計事務所のひとつであるアーンスト&ヤングコンサルティング（現キャップジェミニ・アーンスト&ヤング）への転職に成功した岩本昌悟さんも、そんな一人です。

●途中で辞めたいと思ったことは？

岩本さんが大学院にいってMBAを取ろうと思うようになったのは、入社5年目に入ったところから。きっかけは、「将来、経営者になりたい」と思うようになったことだったといいます。

「別に会社や仕事内容に不満があったわけではないのですが、このまま一生サラリーマンを続けていても、しょせんは〝企業の歯車〟のひとつでしかないと考えたら、なんだか虚しくなってきて……。だから、いつか自分も会社を経営するようになりたいと考えるようになり、そのための近道としてMBAを取ろうと思ったのです」

岩本さんが選んだのは、青山学院大学大学院国際政治経済学研究科（昼夜・土日開講制）でした。

「当時、私は営業の仕事を担当していて非常に忙しかったため、一番時間の融通がききそうな大学院ということで選びました。また、有名な教授がいたことや、マネジメントゲーム、ケーススタディスカッション、海外の大学院の有名教授を招いての短期講義など、先進的な取り組みを行なっていたことも、青山学院を選んだ大きな理由でしたね」

ただし、岩本さんには、青山学院にいくに当たってひとつ大きな問題がありました。それは、「当時、岩本さんが勤務していた場所は名古屋だったため、会社を辞めずに東京の青山学院に通うには、東京に転勤させてもらわなければいけなかった」ということです。

そこで、岩本さんは試験の合格発表があったあと、上司にそのことを願い出ました。その時の上司の反応は、「信じられない」といった感じだったそうです。しかし、岩本さんが「転勤が認められなければ、退職することも考えている」という決意の固さを示すと、最後には上司もわかってくれて、東京への転勤を認めてもらうことができたのです。

「当時はまだ独身でしたし、それほど給料も高くありませんでしたので、『会社を辞めても何とかなる』という思いがありました。しかし、いま思うと、『あのとき会社を辞めなくてすんで本当によかった』と思っています。よい上司に恵まれたおかげですね。なぜなら、会社で仕事を続けながら大学院で学んだことによって、実務に照らし合わせて課題の整理ができたということがひとつ。そして、もうひとつは、会社を辞めて大学院に勉強しにきている人の話を聞いていると、資金的にも自分が恵まれた環境にあることがわかったからです」

こうして東京への転勤も無事実現し、岩本さんの新たな生活がスタートしたわけですが、仕事と勉強の両立については、やはり大変だったようで、どうしても仕事が終わらないときは、学校が終わってから、再び会社に戻って仕事をしていたといいます。

「確かに仕事と勉強の両立は大変でしたが、途中で学校を辞めようと思ったことは一度もありませんでした。なぜなら、真の意味で〝学ぶ〟ということを体験したのはこのときがはじめてで、それが非常に楽しかったからです。また、よい教授やよい仲間に恵まれたことも、途中で挫折せずに最後まで続けることができた大きな理由だと思います」

●チャンスをものにするには？

こうしてＭＢＡを取得した岩本さんですが、学校に通いはじめた当初は、すぐに転職するつもりはなかったといいます。

「自分のわがままで転勤までさせてもらったわけですから、『身につけた専門知識を活かして、少しでも会社に恩返しができれば』と考えていました。それで、修了後はMBAの知識が生かせる部署に異動させてもらえるよう、上司に頼んでみたのですが、すぐには難しいという返事。いま思えば、自分でも『無茶な要求をしていたな』と思うのですが、当時はすぐにでもMBAの知識を活かせる仕事がしたくて、とても2年も3年も待っていられる気分ではありませんでした。だから、ほかを探すしかないと思い、MBAが活かせる転職先を探しはじめたのです」

そうした矢先、岩本さんの目に飛び込んできたのは、日本経済新聞の求人欄に載っていたアーンスト&ヤングコンサルティング（現キャップジェミニ・アーンスト&ヤング）の求人広告でした。

岩本さんは早速応募。そして、見事、採用試験に合格し、転職を果たしたのでした。1998年、岩本さん32歳のときのことです。

1998年といえば、完全失業率がはじめて4%の大台に乗った年で、雇用環境は非常に悪かった時期。にもかかわらず、岩本さんがすんなりと転職することができたのは、岩本さんが〝MBAホルダー〟であったこともさることながら、それ以上に富士ゼロックス時代の実績（大規模な情報システム開発プロジェクトの経験など）や、ビジネスレベルの英語力といったものが高く評価された結果といえるでしょう。

現在も岩本さんは、同じ会社でコンサルタントをしていますが、日々の仕事をしていくうえにおいて、大学院で学んだ専門知識は非常に役立っているといいます。

「とくに、経営の基本的な事項に関しては、一通り目を通しましたので、基礎力としてすごく役に立っています。また、何よりコンサルタントの仕事をしていくうえでは、MBAホルダーであるということは、大きな自信になっています」

さらに、岩本さんの場合は、大学院時代に知り合った人脈が縁で、『年金・退職金の改革ができる本〜日本版401Kの導入実務からメリット・デメリットまで』『実践eコラボレーション〜XMLで実現するビジネスプロセス革命』（ともに、同文舘出版）という単行本を共著で出版するという、思わぬ副産物も生まれています。

岩本さんが大学院でMBAを取るのに投資したお金は、学費などを含めて約200万円。

「投資額は回収できそうですか？」という質問に対して、岩本さんは――、

「転職した当初こそ、年収はそれほど変わりませんでしたが、その後は成果主義の会社で成果に応じて昇給していきましたので、金額的にも投資した金額は十分回収できたと思います。

また、それ以上に知的好奇心・向上心が旺盛で、優秀な同期生に恵まれて一緒に学べたことや、大学院の授業で学んだ物事の考え方や思考のフレームワークが、今後の自分の人生に十二分なリターンをもたらしてくれると思います」

一見、２００万円という金額は多いようにも思えますが、長い目で見た場合は、回収可能なことはもちろんのこと、十分なお釣りがくるというわけです。

今後のことについては、「当面はコンサルタントとして、大学院で学んだ知識を活かしていくことになると思いますが、いずれは自らが経営者となって、実際の経営の場で活かしていきたいと思います」と、経営者になるという目標に向けて意欲満々。

そして、最後に「大学院にいこうか、どうしようか」と迷っている人たちに対して、岩本さんは次のようなアドバイスをしてくれました。

「『自分の人生は自分で切り開いていきたい』という前向きで意欲的な人には、ぜひ大学院にいくことをお勧めしたいと思います。なぜなら、大学院にいくことは、自らの夢や目標へとつながるチャンスの扉を、ひとつ押し開けることになるからです。

しかし、同時に大学院はあくまで〝チャンスを与えてくれるひとつの機会〟でしかないため、そのチャンスをものにできるかどうかは自分次第でもあります。ですから、大学院にいく以上は、『必ずチャンスをものにするんだ』という強い意気込みでいってほしいと思います。そうすれば、自ずと道は開かれることでしょう」

32 職場で学習成果を活かす

二つ目は、大学・大学院で身につけた専門知識や資格などを「職場で活かす」というパターンです。

このパターンには、「最初からそういう目的で大学・大学院にいく」というケースと、「最初の目的は違ったけれども、結果的にそうなった」というケースの2通りがあります。

したがって、このパターンについては、その2つの実例を紹介することにします。

●大学院進学を決意したきっかけは？

まずは前者の例として、日本フィリップス株式会社に勤務しながら、法政大学大学院社会科学研究科経営学専攻マーケティング・コースに通って、MBAを取得した原信之さんのケースから。

原さんが真剣に大学院進学を考えるようになったのは、入社3年目に入ったころから。理由は、次のようなことでした。

「もともと私は大学が理系でしたので、入社したら研究職に就くものと思っていました。しかし、技術営業職に就くことになり、社内で自分の存在を示していくには、やはり経営に関する幅広い知識を身につけなければいけないだろうと思うようになったからです」

ただ、ひと口に経営の勉強といっても、いろんな勉強の仕方がある中で、原さんが「大学院で学ぶ」という方法を選択したのは、当時の上司からいわれた「同じ勉強するなら、形に残るような方法で勉強しなさい」というひと言がきっかけだったといいます。

つまり、「どこかの公開講座に3ヵ月間だけ通う」といった方法ではなく、きちんとしたキャリアとして、履歴書に書けるような形で勉強しなさいということだったのです。

その結果、原さんは経営の勉強をする場として、法政大学大学院を選んだわけですが、法政を選んだ一番の理由は、「仕事をしながら通うのに、一番通学しやすいロケーションにあったから」だそうです。

もちろん、教授陣がバランスよく整っていたことや、学校の雰囲気がとてもよかったことも、法政を選んだ理由だったといいます。

●投資額を回収するには?

こうして原さんの仕事と勉強の両立生活がスタートしたわけですが、やはり仕事と勉強の両立は大変だったといいます。

「私の場合、仕事がおろそかになってしまっては本末転倒だと思っていましたので、あくまで仕事第一に考えていました。その結果、学校にいけないことが何度かあり、その遅れを取り戻すのが大変でした。

それでなくても、予習・復習にかなりの時間を費やさなければ、授業についていけませんでしたので、日曜日も勉強。また、仕事がたまると、家に持ち帰ったり、朝早く出勤したりしていましたので、今思うと、あの2年間は本当に辛かったですね」

しかし、原さんは途中で学校をやめようと思ったことは一度もなかったといいます。

「行くと決めた以上は、何としてでも修了したい、最後までやりとげたい、MBAを取って形として残したいという気持ちが強かったからです。

また、マーケティングの勉強をしていくうちに、どんどん勉強がおもしろくなっていったということも、挫折せずに最後まで続けることができた大きな理由だったと思います」

そして、原さんは無事にMBAを取得したわけですが、MBAを取得したことによって、社内での待遇に何か変化はあったのでしょうか？　また、投資額の回収見込みは、どんな感じなのでしょうか？

「当時はMBAを取得すれば給料がアップするというような制度は、当社にはありませんでしたので、とくに待遇に変化はありませんでした。したがって、MBA取得のために投資した約

220万円は、まだ回収できていません。

しかし、大学院で学んだ経営の知識を活かして、いろんなチャンスをつかむことによって、人よりも早くキャリアアップすることは十分可能だと思っていますので、早晩、投資額は回収できることでしょう」

●転職は考えていない？

MBAホルダーの多くが、転職することによって満足を得ようとする中で、原さんは「今のところ転職する気はまったくない」といいます。

「転職しようと思わないのは、今の会社に十分満足しているからです。また、大学院でMBAを取ったからといって、自分の能力が飛躍的に高まったとは思えないことも、転職しない理由のひとつです。

おそらく、MBAホルダーという肩書きだけで採用してもらえるほど、世の中は甘くないのではないでしょうか。だとすれば、やはり中身が問われるわけで、中身で勝負できるようになるためには、もっともっと自分自身を高めなければいけないと思っています。

いずれにしても、今の会社で認められるようにならないと、ほかの会社にいっても認めてもらえないと思いますので、まずは今の会社で認められるよう頑張りたいと思います」

では、原さんは、大学院で学んだことを今の会社の中で、どのように活かしているのでしょうか？

また、今後どのように活かしていこうと考えているのでしょうか？

「大学院で学んだ専門知識が、現在の営業という性質の仕事に直接役立っているということは、今のところありません。

しかし、授業や修士論文の作成を通じて、論理的に考え、説得的に話すということを学んだおかげで、交渉の仕方などの営業スタイルが、以前に比べて大きく変わったと思います。

今後のことについては、できれば身につけた専門知識を活かしてマーケティングの業務に就きたいと思っています。そして将来的には、オランダの本社に勤務して、日本あるいはアジア向けの製品の導入をサポートするような仕事に就くのが、今の私の夢です」

最後に、原さんにも、大学・大学院にいこうか迷っている人へのアドバイスを聞いてみました。

「ぜひいったほうがいいと思います。というのは、これから先、どのような仕事をするにしても、大学・大学院で勉強して、視野を広げておくことは、決して無駄にはならないからです。

また、知識というものは、いくら身につけても身につけすぎるということはありませんし、邪魔になるものでもありませんので、新しい知識をどんどん吸収されることを強くおすすめします」

●最初は転職したかった?

次に、「最初の目的は違ったけれど、結果的に大学院で学んだことが今の仕事に役立っている」という例として、株式会社損害保険ジャパン（旧安田火災海上保険株式会社）に勤務しながら、法政大学大学院社会科学研究科経済学専攻国際開発プログラムを修了された、山中千花さんのケースを紹介したいと思います。

山中さんが大学院へいこうと思うようになったのは、入社して6年が経過した1997年ごろのことです。

動機は、当時、関心をもっていた難民問題や開発途上国問題について、より深く専門的に勉強するためだったといいます。

「そもそものきっかけは、社内のボランティア活動で難民の人たちに古着を送ったことでした。それ以来、私は難民問題や開発途上国問題に強い関心をもつようになり、ついに97年9月から2ヵ月間、社長室在勤中にボランティア休暇を取得して、国連難民高等弁務官事務所（UNHCR）の『キャンプサダコ』に参加。ケニアのカクマ難民キャンプで活動するという経験をしました。このとき、自分のライフワークとして、難民問題や開発途上国問題に取り組んでいこうと決め、帰国後、大学院にいく準備をはじめたのです。

また、将来、国連などの国際機関で働くためには、マスター以上の学歴がないと、なかなか採用してもらえないという現実を知ったことも、大学院にいこうと思った大きな理由のひとつでした」

当時、山中さんが勉強したかった国際開発プログラムのある夜間の大学院は、法政と青山学院くらいしかありませんでした。

したがって、その2つのうち、どちらかを選ぶしかなかったわけですが、山中さんが法政に決めた一番のポイントは「立地条件だった」といいます。

「法政は会社と自宅の中間にあったので、これなら通えるだろうと。自宅と反対方向の青山学院を選んでいたら、もしかすると続いていなかったかもしれませんね」

●仕事との両立はたいへんだった?

山中さんにとって、仕事と勉強の両立は予想以上にたいへんだったといいます。

「最初の半年間くらいは、なかなかうまく自己管理ができずに、疲労がたまって体調を崩してしまったことも何度かありました」

しかし、途中で辞めようと思ったことは、一度もなかったといいます。

「やはり一番大きな心の支えになったのは、将来、国際機関で仕事をするためには、どうしてもマスターが必要だということでした。

また、職場の同僚や家族のバックアップがあったことや、大学院の仲間同士で講義ノートや講義テープのやりとりをするという補完体制が構築できたことも、挫折せずに最後まで続けることができた大きな理由だったと思っています」

その結果、山中さんは無事に2年間で修士課程を修了することができたわけですが、大学院にいってよかったと思うことは、2つあるといいます。

「ひとつは、モノの見方の新しいフレームを手に入れることができたこと。そしてもうひとつは、会社以外の人脈が築けたことです。この仲間たちとの交流は今でも続いていますし、この人脈が仕事に役立つこともあります」

●大学院で学び一番強く感じたことは?

現在、山中さんは、損保ジャパンが社会貢献の一環として設立した「財団法人損保ジャパン環境財団」というところに、自ら希望して出向し、環境問題に関するさまざまな活動を行なっています。

その中のひとつに、「損保ジャパンCSOラーニング奨学金制度」というものがあります。これは、「環境問題に関心のある大学生や大学院生を公募・選抜して、環境NPO・NGOにインターン生として受け入れてもらい、学生には活動時間に応じて奨学金を支給する」という制度です。

じつは、この制度の立ち上げに深く関わったのが山中さんで、この制度には山中さんの大学院での経験が活きているのです。

「私が大学院で勉強してみて強く感じたのは、理論だけではダメだということです。もちろん理論を学ぶことは重要なのですが、それ以上に現場を知ることも重要だということを痛感しました。また、現場を知ることで、自分が学ぶべきポイントもより明確になるものです。だから、どうしてもこの制度を立ち上げたかったわけで、そういうことがわかっただけでも、大学院へいった甲斐はあったと思っています」

ただ、全体として見た場合には、大学院にいくために投資した約160万円という金額は、「まだ全部は回収しきれていないという気がしている」とのこと。理由は「大学で学んだ専門知識を活かしきれていないから」だそうです。

また、当初の目標であった国際機関で働くということについても、「今のところは考えていない」といいます。

その理由は、「現在やっている仕事に、大きなやり甲斐を感じるから」だとか。その仕事とは、「大学生や一般市民の方々が、環境問題など社会的な問題に関心を強くしていただけることをめざして、各種企画をつくる」業務だといいます。

つまり、かつて山中さんが難民キャンプで活動していたときと同じように、「今の仕事を通して、人や現場がどう変わったかという成果が目に見えるから」だということです。

また、「難民や乱開発など海外の問題を知れば知るほど、国内にも同じような構図の問題があることに気づき、まずは自分の足下から取り組む気持ちが強くなってきた」とも。

「ただ、難民問題や開発途上国問題・環境問題といったテーマは、自分自身のライフワークとして今後も取り組んでいくつもりですので、それをやっていくうえで、大学院で学んだ知識や培った人脈は、どこかで活きてくる可能性は十分あると思っています」

●学んだことを仕事に活かすには？

そして、最後に山中さんにも経験者としてのアドバイスを聞いたところ、次のような答が返ってきました。

「私がいえることは、次の2つです。まずひとつは、自分は何のために大学院にいくのかという、目的を明確にすることが非常に大切だということです。

実際、仕事と両立しながら2年間で修士課程を修了しようと思ったら、体力的にも精神的にも、相当キツイものがあります。

そんなときに、自分の支えになるのは目的以外の何ものでもありません。ここが弱いと、必ず甘えが出てきて、2年で修了できないという結果になります。

私はそういう人を何人も知っていますので、みなさんにはそうならないよう、目的を明確にしたうえで大学院にいってほしいと思います。

もうひとつは、大学院で学んだことを活かせるか、活かせないかは、本人の心掛け次第だということです。活かし方は人それぞれだと思いますが、いずれにしても、ただジッと待っているだけでは、おそらく何も変わらないことは確かです。

したがって、専門知識を活かすにしても、人脈を活かすにしても、自分からアクションを起こすことが大事だと思います」

33 起業する

三つ目は、大学・大学院で身につけた専門知識や資格、技術などを活かして「独立・開業する」というパターンです。

このような活かし方をしている人は、前の2つのパターンに比べると、それほど多くはありません。なぜなら、大学・大学院で専門知識を身につければ、誰でも起業できるというわけではないからです。

また、中には「起業家養成コース」を設置している大学院もありますが、ここに入ったからといって、必ず起業できるというわけでもありません。

逆に、大学・大学院にいかなくても、世の中には起業している人はたくさんいます。

ということは、大学・大学院にいくことが、〝起業の必須条件〟ではないということです。ただし、いけばいったで、それなりのメリットはあるというもの——。

では、どんなメリットがあるのでしょうか？

その点については、約18年勤めたリクルートを退職したのち、法政大学大学院に入学してMBAを取得し、その後、「有限会社フロスヴィータ」を設立した京ヶ島弥生さんのケースを紹介しながら、見ていくことにしましょう。

●最初から退職するつもりだった？

京ヶ島さんが大学院にいこうと思ったのは、リクルートに入社してちょうど18年目のこと。そのとき、すでに京ヶ島さんは、同社を退職する決意を固めていました。

「〝退職する〟ということだけは決めていたのですが、そのときは、『会社を辞めたあと、どうするか』ということについて、まだはっきりと決めていたわけではありませんでした。

しかし、退職した後、別の会社に就職するにしても、独立するにしても、一度これまでの自分のキャリアや知識の棚卸しをしてみるのは、とてもいいことではないかと思い、大学院にチャレンジしてみようと思ったのです」

そして、京ヶ島さんは2000年1月にリクルートを退職。同年4月から、「法政大学大学院社会科学研究科経営学専攻マーケティング・コース」（平日夜間・土曜開講制）に通いはじめたのです。

ただし、会社を辞めたといっても、京ヶ島さんの場合は、学業だけに専念していたわけではありませんでした。

退職後も、京ヶ島さんは以前のキャリアを活かし、フリーのマーケティングプランナーとして、おもに〝消費者行動分析〟を中心に、各社の経営企画や広報・宣伝業務のサポートを行なっていたからです。このような仕事を、だいたい週に3日はしていたといいます。

さらに、週に1日、京ヶ島さんは大学院と並行してアロマセラピストのプロフェッショナル養成学校にも通っていました。ですから、決して優雅な学生生活というわけではありませんでした。

むしろ、「仕事と大学院、専門学校」という3つの違ったことの掛け持ちということで、頭の切り換えなどが結構大変だったといえるでしょう。

また、当然のことながら、仕事の繁忙期と試験やレポートの提出が重なったときは、ものすごく大変だったといいます。

「そんなときは、睡眠時間を削るしかありませんでした。しかし、それがツラくて、途中で大学院を辞めようと思ったことは、一度もありません。むしろ、修士論文の作業が佳境に入るころには、仕事のほうを断るようにしていましたね」

京ヶ島さんをそこまで頑張らせたものとは、一体何だったのでしょうか？

「私が挫折せずに、無事に修士論文を書き上げ、修士課程を修了することができたのは、やはり高い目的意識をもったクラスメートの存在が一番大きかったと思います。みなさん、本当に真剣に勉強されていましたので、とにかく負けないようについていこうと、ただそれだけを考えていました。
大変だったことは確かですが、それ以上に勉強することが楽しくて、本当に充実した日々をすごせたと思っています」

●起業を決意させたのは？

2001年9月にIFA（国際アロマセラピスト連盟）の認定アロマセラピストの資格を取得し、2002年3月には、無事、修士課程を修了して、MBAを取得した京ヶ島さん。翌4月には、まるで修士課程修了を待ちわびていたかのように、早々と「有限会社フロスヴィータ」（http://www.flosvita.co.jp）を設立しています。

同社の事業内容は大きく2つの柱からなっていて、ひとつは「市場調査・分析をベースとしたマーケティングコンサルティング業務」で、もうひとつは「ホリスティックヘルスケアに関する業務」（アロマセラピーなどの紹介と、開業やスキルアップをサポートする業務）です。

リクルート時代の経験に加えて、大学院で学んだ専門知識とアロマセラピストの資格をうまく活かした形での起業といえるでしょう。

この起業に際して、京ヶ島さん自身は大学院で学んだことが、どのように役立っていると考えているのでしょうか？

「大学院で身につけた専門知識やアロマセラピストの資格も、起業に役立ったことは確かです。しかし、それ以上に、修士論文を書き上げ、2年間の修士課程を無事に修了したことによって、自分に対して揺るぎない自信をもつことができるようになったことが、私にとっては一番大きな収穫だったと思います。

その結果、企業に属さなくても、自分で会社をやっていく決心がついたので、起業の道を選ぶことにしました」

京ヶ島さんが会社を設立してから、もうすぐ1年が経とうとしていますが、業績は順調に伸びているといいます。

また、京ヶ島さんが大学院で得たものは、自信だけではありませんでした。

「非常に優秀で前向きなクラスメートとの出会いと、そこで培われたネットワーク。そして、それぞれの分野の第一人者である先生方から、最新の研究について熱のこもった講義を直接受けられたこと。研究の方法を学べたこと。時間をかけてじっくり研究し、修士論文を書き上げられたこと等々、大学院で体験したことのすべてが、私の貴重な財産になっていますので、『本当に大学院にいってよかった』と思っています」

●学んだことの今後の活かし方は？

今後、京ヶ島さんは大学院で学んだことを、次のように活かしていこうと考えています。

「すでに多くのことに活きていますが、今後さらにということでいえば、大学院で身につけた学びの姿勢というものを、これからも忘れないようにしていきたいと思います」

そして、最後に京ヶ島さんにも、大学院にいこうかどうしようか迷っている人たちに対するアドバイスを聞いてみたところ、次のような答が返ってきました。

「資格や肩書きのためにだけに、大学院へいこうと思うのであれば、時間の無駄だから辞めたほうがいいと思います。

しかし、学びたいことが明確にあるけれども、はたして仕事との両立が、時間的・体力的にできるだろうかと不安に思っている人は、迷う前に飛び込むべきです。実際入ってみれば、そんなことは何とかなるものですし、そんな迷いを払拭してもあまりあるくらい、得るものは大きいと思います」

34 研究者になる

四つ目は、大学院の修士課程を修了した後、博士課程に進んで、「研究者になる」というパターンです。

「これはかなり特殊なケースで、現実離れした話ではないか」と思った人がいるかもしれませんが、決してそんなことはありません。

●非常勤講師にならなれる？

専任の教授や助教授になるのは、確かに狭き門ではありますが、非常勤講師であれば、それほど狭き門ではないからです。

実際、文部科学省の調査によると、平成10年10月1日現在の国公私立大学を合わせた非常勤講師の総数は13万３８６９人で、全教員に対する割合が47・８％と約半数を占めるにいたっています。

ただし、この数字は各大学ごとの非常勤講師の人数を単純に合計したものであって、現実には複数の大学を掛け持ちしている非常勤講師がかなりいることを考えると、実際の人数はこの半分くらいだろうと思われますが、それでもかなりの数だといえます。

また、首都圏の私立大学に限ってみた場合、非常勤講師の数は専任教員の数を大きく上回っており、講義の50％以上を非常勤講師が担当しているという大学も少なくありません。

つまり、非常勤講師のニーズはそれだけあるということなのです。

●大学側のニーズが変わった

さらに、研究者をめざす人に朗報なのが、狭き門である専任教員についても、最近は大学側のニーズが変わりつつあるということです。

どういう変化かというと、以前は、「大学卒業後そのまま修士課程・博士課程に進むという〝純粋培養〟の人を専任教員として採用する」ケースが圧倒的に多かったのに対して、最近は「社会人経験のある人で、かつ、ドクターの学位をもっている人を、専任教員として積極的に採用しよう」という大学が増えてきたということです。

理由は、大学・大学院が社会人を数多く受け入れるようになってきたために、教員にも社会人経験が求められるようになってきたからです。

というわけで、社会人から研究者になるということも、あながち夢ではありません。とくに、非常勤講師であれば、かなり門戸は開かれています。

日本ケロッグ株式会社に勤務しながら、法政大学大学院に通ってＭＢＡを取得し、同社を退職後、女子栄養大学の非常勤講師になった橋本正子さんも、じつはそんな一人なのです。

●なぜ、大学院へ？

橋本さんが大学院にいこうと思ったのは、日本ケロッグに入社して26年目、１９９６年頃のこと。動機は、ただ単純に「マーケティングについて体系的に勉強したかったから」だといいます。

したがって、このとき橋本さんの中には、「将来、研究者（非常勤講師）になるための手段として大学院にいく」という考えは、まったくなかったわけです。

当時、橋本さんが担当していた仕事は、自社の商品を一般消費者にアピールしていく際に、栄養の専門家としての立場から、広告のコピーやパッケージのデザインなどにコミットするというものでした。

「このような仕事をしていくうちに、栄養のことだけではなく、マーケティングのこともわかっていたほうが、自分でも仕事がおもしろくなるし、役に立つと思ったので、大学院へいって専門的に勉強しようと思ったのです」

そんな橋本さんが選んだ大学院は、法政大学大学院社会科学研究科経営学専攻マーケティング・コースでした。

ここを選んだ理由は、「当時、マーケティングのことに特化したカリキュラムのある社会人大学院はここしかなかったから」だといいます。

こうして橋本さんの仕事と学業の両立生活がスタートしたわけですが、仕事と学業の両立に加えて、家に帰れば主婦であり、母親でもあった橋本さんにとって、このような生活はかなりハードだったに違いないと思いきや、意外と橋本さん自身はそうでもなかったようです。

「好きで選んだ道ですから、辛いとか、途中で辞めようとか思ったことは、一度もありませんでした。

ただ、男性や独身女性の場合と違って、結婚して子供もいる女性が働きながら学校に通う場合には、やはり家族の理解と協力がなければ、続けることはなかなか難しいのが現実です。

私の場合は、夫が理解のある人だったことに加えて、自分の母親が近所に住んでいたため、学校がある日は母親に子供たちの食事の世話を頼むことができたので、非常にラッキーだったと思います」

●MBAは役に立ったか?

こうして2年間の修士課程を無事に修了し、MBAを取得した橋本さんは、栄養とマーケティングの両方の専門知識を兼ね備えた貴重な人材として、社内でその実力を発揮していくことになります。

しかし、2002年1月、橋本さんは定年まであと数年あったにもかかわらず、早期退職制度を利用して同社を退職。第二の人生を歩みはじめることにしたのです。

そのとき、橋本さんに声をかけてくれたのが女子栄養大学。「4月から非常勤講師として週に1回、栄養コミュニケーション（マーケティング・PR）の講義を担当してもらえないか」という依頼でした。ちなみに、同大学は橋本さんが93年から2年間、栄養学を学んだ学校でもあります。

「私のところに非常勤講師のお話がきたのは、私がMBAホルダーだったからというよりも、私の日本ケロッグでの仕事ぶりを評価してくださる方がいて、その方の紹介があったからです。つまり、MBAを取ったから、非常勤講師になれたというわけではないということです。ただ、MBAを取っていたからこそ、自信をもってお引き受けすることができたということはあると思います。

もし、MBAを取っていなければ、お引き受けするのを躊躇していたかもしれません。なぜなら、実務的なことは教えられても、理論的に体系立てて教えることはできなかっただろうと思うからです。

そういう意味でいえば、大学院で学んだことが、非常勤講師になるのに役立ったということもできると思います」

●非常勤講師の待遇は？

退職とほぼ同時に運よく非常勤講師の職に就いた橋本さんですが、「今後、非常勤講師から専任教員への道は開かれているのか」を聞いてみたところ、意外な答が返ってきました。

「一般的にいって非常勤から専任になるということは、非常に厳しいと思います。現状では多くの大学で経営上の必要性から専任教員の数を抑制しているからです。

また、現実問題として、非常勤講師の待遇が恵まれたものではないということは、認識しておかれたほうがいいと思います。

やはり専任教員をめざすのであれば、修士課程修了後、博士課程に進んで、博士号まで取るようにしたほうがいいでしょうね」

ちなみに、文部科学省の調査によると、非常勤講師の1時間あたりの単価は、だいたい4000円～8000円程度。

つまり、1コマ90分の講義を週に1回のペースで月に4～5回やった場合の収入は、月に2万4000円～6万円程度だということです。

したがって、非常勤講師というのは、本業のある人が副業としてやるか、専業でやる場合は複数の大学を掛け持ちしないと、それだけで食べていくのは非常に厳しいということになります。

橋本さんも、今後は非常勤講師としての仕事のほかに、企業相手のコンサルティングや講演・執筆といった仕事にも、積極的にチャレンジしていきたいと考えているようです。

そして、最後に橋本さんは、大学院にいこうかどうしようか迷っている人たちに、こんなアドバイスをしてくれました。

「私がいいたいことはただひとつ。大学院へいくのであれば、明確な目的をもっていってほしいということです。社会人が目的もなく大学院へいくのは、時間とお金がもったいない。

また、明確な目的があるからこそ、頑張れるのだと思いますので、大学院へいこうかどうしようかで迷っている人は、何のために、何を勉強しにいくのかということを、もう一度じっくり考えていただければと思います」

5章

注目の資格がとれる学科・研究科

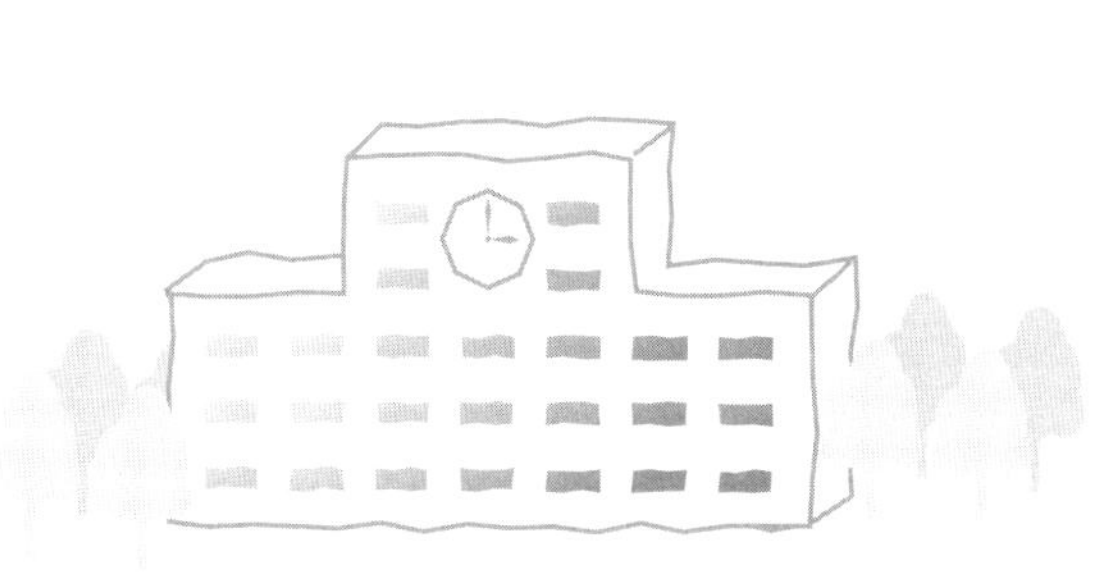

35 MBA

年功序列や終身雇用といった日本型経営が崩壊していく中で、近年、ビジネスマンたちの間で注目されているのがMBAです。

MBAとは「Master of Business Administration」の略で、大学院で経営に関する理論を学んだ学生に与えられる学位のこと。日本では「経営学修士」「経営管理学修士」などと訳されています。

●日本企業もMBAを評価しはじめた

1990年代にアメリカ経済が復興をとげた際、MBAを取得した卒業生たちが多くのアメリカ企業で活躍したことから、日本でもその理論やカリキュラムが脚光を浴びるようになりました。

具体的にどういう勉強をするかは、各大学院によって若干の違いはありますが、共通する科目としては、経済学や会計学・人材資源管理・情報管理・定量分析・マーケティングなどがあります。

また、ＭＢＡコースの最大の特徴といえるのが、ケーススタディ。実際の企業の事例を題材として、問題点の発見から分析・解決策の提案までを行なうことによって、問題解決能力やマネジメント能力を養っていくことになります。

このようにして身につけた経営知識や問題解決能力・マネジメント能力は、すでに欧米企業の間では高く評価されており、ＭＢＡを取得していることが、マネジャーの必要条件のひとつともいわれています。

一方、日本の場合はどうかというと、ＭＢＡを取得したからといって、給料が倍になるとか、出世が早くなるといったようなことはありません。

しかし、欧米企業ほどではないものの、徐々にＭＢＡを高く評価する日本企業も出てきており、今後、ＭＢＡ取得者に対する評価は高まっていくものと思われます。

●最短1年間で取得できる

これまでＭＢＡを取得するには、アメリカのハーバードビジネススクールなど、海外の大学院に留学して取得してくるのが一般的でした。

それが近年、日本でもＭＢＡを取得できる大学院が増えてきたことから、留学しなくてもＭＢＡを取得できるようになり、キャリアアップを考えるビジネスマンたちの注目を集めるようになったというわけです。

現在、国立では「筑波大学」「一橋大学」「神戸大学」「名古屋大学」に、私立では「慶應義塾大学」「早稲田大学」「青山学院大学」「法政大学」「日本大学」「名古屋商科大学」など20校近くの大学院に、ＭＢＡコースが設置されています。

この中で開設が１９７８年と、もっとも歴史があるのが「慶應義塾大学大学院経営管理研究科」です。この研究科の特徴は、とにかく事例が豊富な点。専門家が教育用に書き下ろした事例が、常時２０００本以上準備されていて、学生はその中から2年間で５００～７００の事例に取り組むことになります。

また、「日本大学大学院グローバル・ビジネス研究科」も注目です。この研究科は、２００２年から社会人を対象に、1年間（昼間開講）の集中教育でＭＢＡを取得できる「クリエイティブ・リーダーズ・プログラム」をスタートさせています。

同じく、「名古屋商科大学大学院経営情報学研究科」でも、２００3年4月から土日と夏冬の集中講義によって、最短1年間でＭＢＡが取得できる「ウィークエンドＭＢＡプログラム」をスタート。

これらの研究科には、早くＭＢＡを取得して職場復帰を果たしたいビジネスマンたちの、熱い視線が注がれています。

◎ＭＢＡが取得できるおもな大学院・研究科

国立

学校名	研究科名
神戸大学大学院	経営学研究科
筑波大学大学院	ビジネス科学研究科
名古屋大学大学院	経済学研究科
一橋大学大学院	国際企業戦略研究科

私立

学校名	研究科名
愛知学院大学大学院	経営学研究科
青山学院大学大学院	国際マネジメント研究科
小樽商科大学大学院	商学研究科
関西学院大学大学院	商学研究科
慶應義塾大学大学院	経営管理研究科
国際大学大学院	国際経営学研究科
産能大学大学院	経営情報学研究科
多摩大学大学院	経営情報学研究科
中央大学大学院	経営学研究科
名古屋学院大学大学院	経済経営研究科
名古屋商科大学大学院	経営情報学研究科
日本大学大学院	グローバル・ビジネス研究科
法政大学大学院	社会科学研究科
明治大学大学院	経営学研究科
立教大学大学院	ビジネスデザイン研究科
立命館大学大学院	経営学研究科
龍谷大学大学院	経営学研究科
早稲田大学大学院	アジア太平洋研究科

（2003年2月現在）

36 税理士

税理士を志す人たちの間では、知る人ぞ知る究極の〝裏ワザ〟だったのが、「ダブル修士」という方法です。

●究極の裏ワザが使えなくなった

どういう裏ワザかというと、「法律学または財政学に関する修士号」（税法3科目の試験を免除）と、「商学修士号」（会計学2科目の試験を免除）の2つの修士号を修得すれば、超難関といわれる「税理士試験」を受けなくても、税理士資格が得られるというものです。

ところが、平成14年4月に税理士法が改正されたことによって、この究極の裏ワザが使えなくなってしまいました。

理由は2つあります。

裏ワザが使えなくなった理由

①2つの免除の対象となる修士号の科目がそれぞれ、次のように絞り込まれたことによって、

従来であれば免除の対象となった研究科が、改正後は免除の対象にならない可能性が出てきた。

(a)「法律学、財政学に属する科目」から「税法に属する科目」へ。

(b)「商学に属する科目」から「会計学に属する科目」へ。

②右記の科目で修士号を取得しても、税理士試験を受け、取得した分野の科目（税法3科目・会計学2科目）の中からそれぞれ1科目に合格しなければ、残りの科目が免除されなくなった。

つまり、これまでのように修士号をダブルで取得したとしても、「税法で1科目・会計学で1科目」の合計2科目合格しなければ、税理士資格が得られなくなったというわけです。

ちなみに、どちらかの科目の修士号のみを取得したケースでは、残った科目の試験すべてに合格しなくてはなりません。

それぞれのケースでの試験科目数を整理すると以下のようになります。

税理士試験の科目数

①修士号がない　⇩　税法3科目＋会計学2科目

②税法と会計学の修士号をダブルで取得 ⇩ 税法1科目＋会計学1科目
③税法の修士号のみを取得 ⇩ 税法1科目＋会計学2科目
④会計学の修士号のみを取得 ⇩ 税法3科目＋会計学1科目

●通信制大学院もある

このように、税理士法の改正によって、かつての裏ワザは使えなくなりました。

しかし、それでも一部とはいえ、超難関の税理士試験が免除になるのは大きな魅力とあって、まだまだ「法学系や商学系の研究科」は人気があります。

中でも注目すべきは、山口県下関市にある「東亜大学大学院」という通信制の大学院です。

なぜ、この大学院が注目かというと、通信制大学院の中で、全国ではじめて法学専攻を設置したところだからです。

つまり、ここで修士号を取得すれば、税理士試験の税法3科目のうち2科目が免除になるというわけで、税理士をめざす社会人たちの間で、人気が高まっています。

◎税理士試験科目が一部免除になるおもな大学院研究科

国立

学校名	学科名
大分大学大学院	経済学研究科
岡山大学大学院	文化科学研究科／法学研究科
小樽商科大学大学院	商学研究科
金沢大学大学院	経済学研究科／法学研究科
静岡大学大学院	人文社会科学研究科
富山大学大学院	経済学研究科
奈良女子大学大学院	人間文化研究科
新潟大学大学院	経済学研究科／法学研究科
一橋大学大学院	商学研究科／法学研究科
福島大学大学院	経済学研究科

公立

学校名	学科名
熊本県立大学大学院	アドミニストレーション研究科
高崎経済大学大学院	経済・経営研究科
名古屋市立大学大学院	芸術工学研究科
広島県立大学大学院	経営情報学研究科
横浜市立大学大学院	経済学研究科

私立

学校名	学科名
愛知学院大学大学院	経営学研究科／商学研究科／法学研究科
愛知大学大学院	経営学研究科／法学研究科
旭川大学大学院	経済学研究科
亜細亜大学大学院	経営学研究科／経済学研究科／法学研究科
石巻専修大学大学院	経営学研究科
大阪学院大学大学院	経済学研究科／国際学研究科／商学研究科／法学研究科
大阪国際大学大学院	経営情報学研究科／総合社会科学研究科
岡山商科大学大学院	商学研究科／法学研究科
金沢学院大学大学院	経営情報学研究科

（次ページにつづく）

私立 (のつづき1)

学校名	学科名
関東学園大学大学院	法学研究科
九州国際大学大学院	企業政策研究科／法学研究科／経営情報学研究科
京都産業大学大学院	マネジメント研究科／経済学研究科／法学研究科
杏林大学大学院	国際協力研究科
近畿大学大学院	経済学研究科／商学研究科／法学研究科
岐阜経済大学大学院	経営学研究科
久留米大学大学院	比較文化研究科
呉大学大学院	社会情報研究科
甲子園大学大学院	経営情報学研究科
甲南大学大学院	社会科学研究科
神戸学院大学大学院	経済学研究科
国士舘大学大学院	経営学研究科／経済学研究科／政治学研究科／法学研究科
作新学院大学大学院	経営学研究科
札幌大学大学院	外国語学研究科／経営学研究科／経済学研究科／文化学研究科／法学研究科
四国大学大学院	経営情報学研究科
城西大学大学院	経済学研究科
駿河台大学大学院	経済学研究科
聖学院大学大学院	政治政策学研究科
成蹊大学大学院	経営学研究科／経済学研究科／法学研究科
摂南大学大学院	経営情報学研究科／法学研究科
専修大学大学院	経営学研究科／経済学研究科／商学研究科／法学研究科
創価大学大学院	法学研究科
高千穂大学大学院	経営学研究科
高松大学大学院	経営学研究科
拓殖大学大学院	経済学研究科／言語教育研究科／工学研究科／商学研究科
大東文化大学大学院	法学研究科
千葉経済大学大学院	経済学研究科
千葉商科大学大学院	経済学研究科／商学研究科／政策研究科
中京大学大学院	経営学研究科／商学研究科／法学研究科
中部大学大学院	経営情報学研究科
帝京大学大学院	経済学研究科／法学研究科
帝塚山大学大学院	経済学研究科
東海学園大学大学院	経営学研究科

私立（のつづき2）

学校名	学科名
東京経済大学大学院	経営学研究科／経営情報学研究科
東京理科大学大学院	経営学研究科
東洋大学大学院	経営学研究科／法学研究科
豊橋創造大学大学院	経営情報学研究科
同志社大学大学院	商学研究科／法学研究科
名古屋学院大学大学院	経済経営研究科
名古屋経済大学大学院	会計学研究科／法学研究科
名古屋商科大学大学院	経営情報学研究科
日本大学大学院	グローバル・ビジネス研究科／経済学研究科／商学研究科
日本福祉大学大学院	情報・経営開発研究科
白鴎大学大学院	経営学研究科／法学研究科
姫路獨協大学大学院	経済情報研究科／法学研究科
福岡大学大学院	法学研究科
福山大学大学院	経済学研究科
福山平成大学大学院	経営学研究科
文京学院大学大学院	経営学研究科
松阪大学大学院	政策科学研究科
松山大学大学院	経営学研究科／経済学研究科
明海大学大学院	経済学研究科
明治学院大学大学院	経済学研究科
名城大学大学院	経営学研究科／経済学研究科
山梨学院大学大学院	社会科学研究科
立教大学大学院	ビジネスデザイン研究科
立正大学大学院	経営学研究科／経済学研究科／文学研究科／法学研究科
立命館大学大学院	経営学研究科
流通経済大学大学院	経済学研究科
麗澤大学大学院	国際経済研究科
早稲田大学大学院	社会科学研究科

通信制

学校名	学科名
東亜大学大学院	総合学術研究科

（2003年2月現在）

37 理学療法士・作業療法士

高齢化社会を迎える中で、最近注目されている有望資格が、「理学療法士」と「作業療法士」です。

●高齢化社会の有望資格

理学療法士とは、患者に運動療法や物理療法・歩行訓練などを行なうことよって、起きたり、歩いたりという基本的な運動能力の回復を図る仕事です。

一方、作業療法士は、身体や精神に障害のある患者に、陶芸や園芸・手芸・工作、その他の作業を行なわせることによって、心身の障害回復を図る仕事です。

どちらも患者が社会復帰できるように手助けする仕事で、リハビリテーションの専門家といえます。

これらの理学療法士・作業療法士の就職先としては、整形外科や内科をもつ大学病院や一般総合病院・リハビリテーションセンターなどの医療機関が7～8割を占めています。

ただし、そのほかにも、特別養護老人ホームなどの福祉関係機関や小児施設・保健所などで

◎理学療法士・作業療法士の勉強ができる大学と、社会人入試の有無

学校名	学部名	学科・専攻名
札幌医科大学	保健医療学部	理学療法学科／作業療法学科
青森県立保健大学	健康科学部	理学療法学科★
弘前大学	医学部	保健学科 理学療法学専攻★／作業療法学専攻
東北文化学園大学	医療福祉学部	リハビリテーション学科 理学療法学専攻★／作業療法学専攻★
山形県立保健医療大学	—	理学療法学科／作業療法学科
茨城県立医療大学	保健医療学部	理学療法学科／作業療法学科
国際医療福祉大学	保健学部	理学療法学科★／作業療法学科★
群馬大学	医学部	保健学科 理学療法学専攻★／作業療法学専攻★
埼玉県立大学	保健医療福祉学部	理学療法学科／作業療法学科
帝京平成大学	健康メディカル学部	理学療法学科／作業療法学科
東京都立保健科学大学	保健科学部	理学療法学科／作業療法学科
北里大学	医療衛生学部	リハビリテーション学科 理学療法学専攻★／作業療法学専攻★
昭和大学	保健医療学部	理学療法学科／作業療法学科
新潟医療福祉大学	医療技術学部	理学療法学科★／作業療法学科★
金沢大学	医学部	保健学科 理学療法学専攻／作業療法学専攻
星城大学	リハビリテーション学部	リハビリテーション学科 理学療法学専攻／作業療法学専攻
名古屋大学	医学部	保健学科 理学療法学専攻／作業療法学専攻
鈴鹿医療科学大学	保健衛生学部	理学療法学科
神戸大学	医学部	保健学科 理学療法学専攻★／作業療法学専攻★
川崎医療福祉大学	医療技術学部	リハビリテーション学科 理学療法専攻／作業療法専攻
吉備国際大学	保健科学部	理学療法学科／作業療法学科
広島県立保健福祉大学	保健福祉学部	理学療法学科★／作業療法学科★
広島大学	医学部	保健学科 理学療法学専攻／作業療法学専攻
長崎大学	医学部	保健学科 理学療法学専攻★／作業療法学専攻★
九州保健福祉大学	保健科学部	作業療法学科
鹿児島大学	医学部	保健学科 理学療法学専攻／作業療法学専攻

〈注〉学科・専攻のうしろに★印がある学科・専攻は、社会人入試あり。
(2003年2月現在)

活躍している人も少なからずいて、活躍の場は徐々に広がりつつあるのが現状です。

現在の就職率はほぼ100％に近い状態で、今後も高齢化社会の進展に伴って、老人性疾患などさまざまな障害をもつ人々が増加していくことが予想されるため、リハビリテーションの専門家である理学療法士・作業療法士に対するニーズは、今後ますます高まっていくものと思われます。

●短大や専修学校もある

理学療法士・作業療法士になるためには、3年制の短大か専修学校、あるいは4年制の大学か専修学校に入学して勉強するだけでなく、卒業後に国家試験を受けて合格する必要があります。

ただし、学校できちんと勉強して、専門技術と知識を身につければ、国家試験突破はそれほど難しくないことから、社会人の間でも人気の資格のひとつとなっています。

また、大学側も社会人入試を実施するところが増えてきたことから、社会人に対する理学療法士・作業療法士の門戸は徐々に広がりつつあるといえます。

38 医師・歯科医師・獣医師

これまで医師や歯科医師・獣医師になるには、高校卒業時点で医学系学部を受験して入学しておかなねばならず、そのチャンスを逃すと、あとからなりたいと思っても、なるのは非常に難しいのが現実でした。

●文系出身者でも医師になれる?

ところが、数年前に文部科学省が「医学部を、学士を対象とした職業教育大学院にしよう」という「メディカル・スクール構想」を提唱したことがきっかけとなり、それ以来、学士編入学試験を実施する大学が急増――。

そのおかげで、大卒者（学士）であれば、他学部出身者でも医師や歯科医師・獣医師になれるチャンスが出てきたのです。

その先駆けとなったのが、「群馬大学医学部」が実施した平成10年度の学士編入学試験です。試験内容が小論文と討論・面接のみだったため、これなら文系出身者でも受験可能ということで、15名の募集に対して約２５００名もの応募が殺到。

実際、合格者のうち1名は法学部出身だったことでも、大きな話題となりました。

その後、群馬大学に続けとばかりに、学士編入学試験を実施する大学がどんどん増え、今では国立・私立合わせて50校にもなっています。

募集人数は若干名のところが多く、多くてもせいぜい20名程度です。

編入できる年次は、大学によって若干違いますが、だいたい3年次か、2年次の後期から。

したがって、卒業までに通常6年かかるところが、4年ないし4年半で卒業できるようになっています。

◎学士編入学試験を実施している医学部・歯学部・獣医学部

学部名	国立大学	私立大学
医学部 <注1>	北海道大学、旭川医科大学、弘前大学、群馬大学、筑波大学、千葉大学、東京医科歯科大学、信州大学、新潟大学、金沢大学、富山医科薬科大学、福井医科大学、名古屋大学、滋賀医科大学、大阪大学、神戸大学、岡山大学、島根医科大学、鳥取大学、山口大学、香川医科大学、高知医科大学、愛媛大学、長崎大学、大分医科大学、鹿児島大学、琉球大学	獨協医科大学、北里大学、杏林大学、東海大学、聖マリアンナ医科大学、金沢医科大学、愛知医科大学
歯学部	大阪大学、徳島大学	北海道医療大学、奥羽大学、明海大学、昭和大学、日本大学、日本歯科大学、鶴見大学、松本歯科大学、愛知学院大学、福岡歯科大学
獣医学部 <注2>	岩手大学、岐阜大学、宮崎大学	酪農学園大学、麻布大学

<注1>筑波大学の場合は、医学専門学群。<注2>国立大学の場合は、農学部。

（2003年2月現在）

39 看護師

医療系資格の中では、看護師も依然として根強い人気のある資格です。

●看護学科を設置する大学が急増中！

看護師になるには、看護学校または看護短大で3年間勉強した後、卒業後に国家試験を受験して看護師になるというのが、これまでの一般的なパターンでした。

ところが、近年、看護学科を設置する大学が増えてきたことに加え、その多くが社会人入試を実施していることから、看護師になるために大学にいく社会人も多くなっています。

看護学校・看護短大・看護系大学のどこでも、看護師になるための勉強はできますが、看護学校では実践面に、短大・大学では理論面に重点を置いた教育が行なわれているという特徴があります。また、今後は看護系大学出身の看護師が、現場でリーダー的な存在になっていくことが容易に予想されますので、将来そうなりたい人は、看護系大学にいくのがいいでしょう。

看護学校や看護短大を卒業していれば、看護系大学への編入学も可能ですし、大学を卒業すれば、看護系大学院への進学も可能となります。

◎社会人入試を実施している看護学科のある大学

学部・学科名	国公立大学	私立大学
看護学部　看護学科	岩手県立大学、宮城大学、福島県立医科大学、千葉大学、石川県立看護大学、静岡県立大学、愛知県立看護大学、三重県立看護大学、兵庫県立看護大学、山口県立大学、大分県立看護科学大学、宮崎県立看護大学、沖縄県立看護大学	聖隷クリストファー看護大学、愛知医科大学、鹿児島純心女子大学
医学部　看護学科	岐阜大学、浜松医科大学、愛媛大学、島根医科大学、佐賀医科大学、大分医科大学	東邦大学
医学部　保健学科（看護学専攻）	群馬大学、新潟大学、神戸大学、鳥取大学、岡山大学、山口大学、徳島大学	
看護福祉学部　看護学科	福井県立大学	北海道医療大学、九州看護福祉大学
看護栄養学部　看護学科	県立長崎シーボルト大学	天使大学
保健福祉学部　看護学科	広島県立保健福祉大学	西南女学院大学
その他	青森県立保健大学（健康科学部　看護学科）、埼玉県立大学（保健医療福祉学部　看護学科）	国際医療福祉大学（保健学部　看護学科）、新潟青陵大学（看護福祉心理学部　看護学科）、広島国際大学（保健医療学部　看護学科）、川崎医療福祉大学（医療福祉学部　保健看護学科）

（2003年2月現在）

40 臨床心理士

近年、医療・教育・福祉・司法など、多方面の機関から注目されているのが臨床心理士です。

●多方面から注目を浴びている

臨床心理士とは、心に悩みや問題を抱える人に対し、箱庭療法や芸術療法・夢分析といった、さまざまな臨床心理学的技法を用いて、問題改善に向けた援助を行なう「心の専門家」です。

臨床心理士になるには、「財団法人日本臨床心理士資格認定協会」が実施する試験（1次＝筆記試験・2次＝面接試験）に合格しなければなりません。ちなみに、試験の合格率は70％前後。

その受験資格を得るには、いくつかの方法がありますが、もっともポピュラーなのが、同協会が定める指定大学院の修士課程を修了するというものです。

ただ、指定大学院にも第1種と第2種があり、次のように定められています。

指定大学院

①第1種……ここを修了した場合は、実務経験がなくても試験が受けられる。

②第2種……修了後1年間の実務経験を経なければ、試験が受けられない。

第1種のほうが、施設や設備、専門スタッフ体制などの点で第2種よりも充実しています。1年でも早く臨床心理士になりたいという人は、第1種に指定されている大学院にいくのがいいでしょう。もちろん、倍率は高いですが……。

●人気とは裏腹に現実は厳しい…

臨床心理士をめざす場合、注意しておかなければいけないのが、資格取得後の就職状況です。多方面からのニーズはあるのですが、どこも求人数が1～2人というのが現状です。さらに、常勤の仕事が少ないのも事実。今話題のスクールカウンセラーも基本的には非常勤の仕事で、有資格者の多くは、それらの仕事を掛け持ちしながら、生計を立てているのが実情なのです。個人で開業している臨床心理士もいることはいますが、まだまだ少数派です。

将来、臨床心理士の位置づけがどう変化するかはわかりませんが、現時点では、この資格を取得すればバラ色の未来が開けているとはいい難いのが実情。会社を辞めてまで臨床心理士をめざそうという人は、その人気だけに惑わされず、もう一度よく考えたほうがいいでしょう。

◎日本臨床心理士資格認定協会の指定大学院

	国公立	私立
第1種	秋田大学大学院、上越教育大学大学院、筑波大学大学院、お茶の水女子大学大学院、横浜国立大学大学院、岐阜大学大学院、名古屋大学大学院、愛知教育大学大学院、京都大学大学院、大阪市立大学大学院、大阪大学大学院、兵庫教育大学大学院、神戸大学大学院、広島大学大学院、鳴門教育大学大学院、山口大学大学院、九州大学大学院	文教大学大学院、大正大学大学院、久留米大学大学院、愛知淑徳大学大学院、昭和女子大学大学院、日本女子大学大学院、佛教大学大学院、武庫川女子大学大学院、東亜大学大学院、青山学院大学大学院、立教大学大学院、愛知学院大学大学院、甲南大学大学院、川崎医療福祉大学大学院、専修大学大学院、関西大学大学院、京都文教大学大学院、札幌学院大学大学院、白百合女子大学大学院、椙山女学園大学大学院、東京家政大学大学院、東北福祉大学大学院、福岡大学大学院、武蔵野女子大学大学院、明星大学大学院、久留米大学大学院、神戸女学院大学大学院、東洋英和女学院大学大学院、文京女子大学大学院、駒澤大学大学院、甲子園大学大学院、金城学院大学大学院、東京成徳大学大学院、早稲田大学大学院、安田女子大学大学院、徳島文理大学大学院、帝京大学大学院、東京国際大学大学院、創価大学大学院
第2種	新潟大学大学院、茨城大学大学院、東京都立大学大学院、東京学芸大学大学院、静岡大学大学院、京都教育大学大学院、岡山大学大学院、香川大学大学院、愛媛大学大学院、福岡県立大学大学院、福岡教育大学大学院、大分大学大学院、熊本大学大学院、鹿児島大学大学院	神戸女学院大学大学院、徳島文理大学大学院、川村学園女子大学大学院、淑徳大学大学院、京都女子大学大学院、聖徳大学大学院、長崎純心大学大学院、北海道医療大学大学院、追手門学院大学大学院、学習院大学大学院、甲南女子大学大学院、上智大学大学院、聖心女子大学大学院、東京女子大学大学院、日本大学大学院、東京国際大学大学院、広島文教女子大学大学院、東海大学大学院、北星学園大学大学院

〈注〉詳細な研究科名などは各大学院にお問い合わせください。
（2003年2月現在）

41 社会福祉士・介護福祉士

福祉関係で人気の資格といえば、「介護福祉士」と「社会福祉士」です。

●介護福祉士は無試験でも取得可能

介護福祉士とは、身体が不自由な人に対して、実際に入浴や排泄・食事など、生活上必要な介護を行なったり、介護者である家族に対して指導や助言をしたりする介護の専門家のことで、どちらかといえば現場で体を動かすことが多い仕事です。

これに対し、社会福祉士は、高齢者や障害者など福祉サービスが必要な人やその家族に対して、福祉サービスに関する相談に応じたり、助言・指導を行なったりする社会福祉の専門家で、どちらかといえば頭を使うことが多い仕事といえます。

介護福祉士・社会福祉士ともに国家資格ですが、介護福祉士の場合は、厚生省認可の短大や専門学校を卒業すれば、無試験で資格が取得できるようになっています。しかも、その短大のほとんどが社会人入試を実施していますので、介護福祉士に関しては、かなり門戸が開かれているといえるでしょう。

もしくは逆に、学校に通わなくても、実務3年を経るなどして、介護福祉試験に合格すれば資格を取得できます。

これに対し、社会福祉士の場合は、下図のどのルートを選択するにしても必ず国家試験は受けなければなりません。

ただし、近年は受験資格の得られる社会福祉系の学部を設置する大学・短大が増え、社会人入試も数多く実施されています。

また、「東京福祉大学」「日本福祉大学」「佛教大学」には通信教育部も設置されていますので、働きながらの受験資格取得の道も開かれています。

◎社会福祉士になるには？

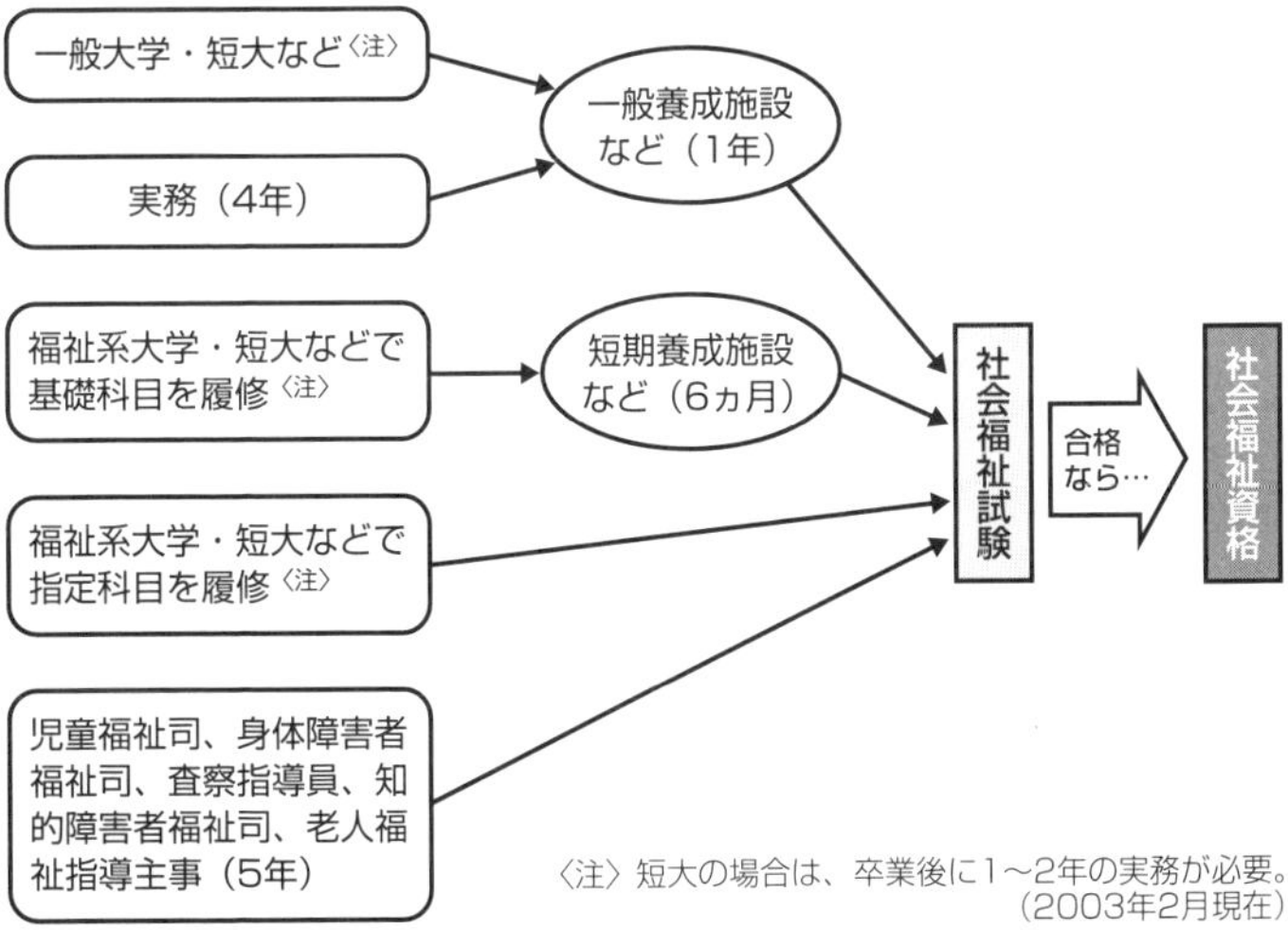

〈注〉短大の場合は、卒業後に1～2年の実務が必要。
（2003年2月現在）

42 法科大学院（ロースクール）

現在、法律家をめざしている人たちが、もっとも注目していることといえば、「法科大学院（ロースクール）構想がどうなるのか」ということでしょう。

●100校近くの法科大学院ができる予定

法科大学院とは、「修了すれば司法試験の受験資格が得られる」という、これまでにない新たなタイプの大学院のことで、2004年度から開講される予定になっています。

どの大学に設置されるかは、現段階（2003年2月現在）では未定ですが、おそらく全国で100校近くが設置され、定員は全体で5000人近くになるだろうといわれています。

受験資格は、必ずしも法学部出身者である必要はなく、学部を問わず、4年制大学さえ卒業（学士号を取得）していれば、受験資格が得られる予定です。

入学試験については、全国一律の適性試験と、大学院が独自に行なう試験の2段階にする方向で検討されています。

適性試験とは、アメリカのLSAT（Law School Admission Test）をモデルとしたもので、一般教養や論理的思考能力・文章読解力・判断力・分析力・表現力などの資質を問う試験のことです。

大学独自の試験に関しては、社会人入試の実施や優先枠の確保といったことも検討されており、何らかの形で社会人に対する配慮がなされる可能性が高くなっています。

標準修業年限は3年の予定ですが、法学部出身者に関しては、法律科目試験を受けて合格すれば、2年に短縮できるようにすることも検討されています。

そのほか、夜間大学院や通信制大学院の設置も検討されています。

●当面は新旧の司法試験が併存

法科大学院の設置に伴って、司法試験も新しく変わることになります。新司法試験は2006年からはじまる予定で、試験の難易度は法科大学院修了者の7~8割が合格するものになるといわれている一方で、5割程度にすべしとの意見もあるようです。

また、受験回数にも制限が設けられる予定で、3回程度に制限する方向で検討がなされています。

従来の司法試験に関しては、すぐに廃止されるのではなく、2010年までは存続されることになりそうです。

おわりに●〝学ぶ姿勢〟をもったビジネスマンになろう！

まずは最後まで読んでいただき、ありがとうございました。

今は本当に厳しい時代です。おそらく、これから先もしばらくは、こういう時代が続くことでしょう。

したがって、皆さんがサバイバル競争に勝ち残っていくためには、普段から学びの姿勢をもって、自分の商品価値を高める努力をしておくことが大切です。

大学・大学院へいって勉強するのも、そのひとつの方法ですが、中には「会社に入ってからは、勉強なんかしたことがない」という人もいることでしょう。

そういう人は、今日からたとえ1日30分でもいいので、自分の商品価値を高めるための時間をつくるようにしてください。

電車の中で読んでいたマンガ本を、ビジネス書に変えるだけでもＯＫ。まずは、勉強するクセをつけることからはじめましょう。

たとえ1日30分でも、それを1年間続ければ、勉強時間は１８２・５時間にもなります。これは、あとから勉強をはじめた人が1日2時間、約3ヵ月間続けて、ようやく追いつくことができる時間。つまり、早くはじめればはじめるほど、その差はどんどん開いていくというわけです。

サラリーマンが〝気楽な稼業〟だった時代は、とっくの昔に終わりました。

たとえ勤務先が一部上場企業であったとしても、状況は同じ。とにかく、今のまま何の努力もせずに、同じ会社で定年を迎えられるという幸せな人は、おそらくごくわずかしかいないことは確かなのですから――。

本書を手にしてくださったみなさんが、この先、学びの姿勢をもち続け、サバイバル競争に勝ち残っていかれることを、心より願っています。

＊

最後になりましたが、本書の取材に快く協力してくださったみなさんと、原稿の仕上がりを辛抱強く待ち続けてくださった同文舘出版の喜多豊氏に、この場を借りて心からお礼をいいたいと思います。

本当にありがとうございました。

堀内伸浩

2003年3月

著者略歴

堀内伸浩（ほりうち　のぶひろ）

1965年、奈良県生まれ。同志社大学商学部卒業後、食品メーカー、編集プロダクションを経て、フリーライターとして独立。これまで『Forbes日本版』『月刊BIG tomorrow』など、ビジネスマン向けの雑誌を中心に、取材・執筆活動を展開。現在も雑誌・書籍などを中心に取材・執筆活動を続けるかたわら、資格・法律・政治に興味をもって情報収集にあたっている。また、自らも法律関係の資格取得に向けて勉強中。著書に『わかる！政治のしくみ』（ダイヤモンド社）がある。

社会人が大学・大学院で学ぶ法

平成15年４月16日　初版発行

著　者　堀　内　伸　浩
発行者　中　島　治　久

発行所　同文舘出版株式会社
東京都千代田区神田神保町1-41　〒101-0051
電話　営業03(3294)1801　編集03(3294)1803
振替　00100-8-42935　http://www.dobunkan.co.jp

印刷／製本：東洋経済印刷
ISBN4-495-56151-0
Printed in Japan 2003